博雅教育
新取向

The Re-orientation
of Liberal Education

陳閔翔 主編
Edited by Min-Siang Chen

巨流圖書公司印行

U0128332

國家圖書館出版品預行編目（CIP）資料

博雅教育新取向 / 張瑞雄, 胡全威, 賴伯琦, 簡士
捷, 林盈鈞, 談玉儀, 蔡美惠, 張谷良, 陳閔翔
作；陳閔翔主編. -- 初版. -- 高雄市：巨流
圖書股份有限公司, 2020.12
　面；　　公分
ISBN 978-957-732-610-2 (平裝)

1.通識教育 2.高等教育 3.文集

525.3307　　　　　　　　　　　109021604

博雅教育新取向

主　　　編　　陳閔翔
作　　　者　　張瑞雄、胡全威、賴伯琦、簡士捷、林盈鈞、談玉儀、蔡美惠、張谷良、陳閔翔
責 任 編 輯　　林瑜璇
封 面 設 計　　余旻禎

發 　行 　人　　楊曉華
總 　編 　輯　　蔡國彬

出　　　版　　巨流圖書股份有限公司
　　　　　　　802019高雄市苓雅區五福一路57號2樓之2
　　　　　　　電話：07-2265267
　　　　　　　傳真：07-2264697
　　　　　　　e-mail: chuliu@liwen.com.tw
　　　　　　　網址：http://www.liwen.com.tw

編 　輯 　部　　100003臺北市中正區重慶南路一段57號10樓之12
　　　　　　　電話：02-29222396
　　　　　　　傳真：02-29220464

劃 撥 帳 號　　01002323巨流圖書股份有限公司
購 書 專 線　　07-2265267轉236

法 律 顧 問　　林廷隆律師
　　　　　　　電話：02-29658212

出版登記證　　局版台業字第1045號

ISBN 978-957-732-610-2（平裝）
初版一刷・2020 年 12 月

定價：350元

目錄

前言
再現通識價值

序

重建通識教育的可尊敬性

黃俊傑

國立臺灣大學特聘講座教授

中華民國通識教育學會名譽理事長

曾獲教育部第四屆全國傑出通識教育教師獎

一

臺北商業大學的陳閔翔教授，將過去 3 年來他在教育部「教學創新先導計畫」經費補助之下，邀約校內外 8 位老師針對各自所開授的課程共 9 門，所撰寫的教學心得論文編為《博雅教育新取向》一書。承蒙陳教授的好意，在這部書出版前夕，先讓我閱讀本書稿本，並希望我寫一些閱讀心得，我非常高興看到臺北商業大學近年來在通識教育的努力，更高興已取得初步成果，所以樂於寫下個人想法，以就教於本書廣大讀友。

二

從這本書所收錄的各篇論文來看，我推測本書編者要呈現通識課程的教學，大約有以下 3 個未經明言的主要方向：

第一，立足當代，展望未來：本書第一至第三章所收的 3 篇論文的教學，大致可以歸屬於這個方向。人類進入 21 世紀以後，

出現許多逆流,「全球化」與「反全球化」2 大力量互相激盪、氣候變遷日益嚴重、人工智慧與自動化快速發展,都是人人親身經歷的現象,但是其中最令人印象深刻而影響深遠的,莫過於史丹佛大學教授 Larry Diamond 所謂的「民主退潮」(democratic recession)的新發展(Diamond, 2015: 98-118)。早在 2014 年 12 月前英國首相布萊爾(Blair, 2014),就在《紐約時報》發表文章,題為〈民主死了嗎?〉(*Is Democracy Dead?*),以政治人物立場質疑歐美國家的民主衰落問題。近年來學術界分析這個問題的專書,更是如雨後春筍,目不暇給(例如 Brennan, 2016 與 Runciman, 2018)。在世界各民主國家中,民主政治在 21 世紀受到重大的挑戰,在許多民主政體中贏者全拿(winner-take-all)是常見的現象,使民主政治淪為強人政治,出現國外政治學者所謂「選舉的專制」(electoral autocracy)的現象。川普當選美國總統,就任之前 2 天,美國公共電視網(PBS)連續 2 天播放特別節目「分裂的美國」(Divided States of America),分析川普的崛起過程。川普 4 年主政期間,對美國社會之撕裂、對美國民主的凌遲,使美國民主的噩夢舉世共見,使 19 世紀上半葉托克維爾(Alexis de Tocqueville),在其經典名著《論美國的民主》(*Democracy in America*)中,所深思的美國式民主制度的種種弱點與問題(托克維爾,2013:318-319),以最鮮明的方式一湧而出。尤有進者,2020 年起肆虐全球的新冠病毒(COVID-19),更使許多國家的政府,以防疫為由而大肆擴權,大政府於焉形成,成為疫情時代世界各國新現象。

　　17 世紀的霍布斯(Thomas Hobbes)曾經對國家充滿欣喜之情說:「我們在永生不朽的上帝之下所獲得的和平和安全保障,就是從它(指國家)那裡得來的」(霍布斯,1985:115)。但是到 19 世紀,馬克思(Karl Marx)與恩格斯(Friedrich Engels)在《共產黨宣言》(*The Communist Manifesto*)中對國家落入資本家之手,以充

滿戰鬥的意志批判說：「現代的國家政權不過是管理整個資產階級的共同事務的委員會罷了」（馬克思、恩格斯，1972：253）。進入21世紀之後，隨著高科技的突發猛進，「國家」之受「資本主義」所掌握，更是成為令人憂心的新潮流。所以，當代法國經濟學者皮凱提（Thomas Piketty）的《二十一世紀資本論》（*Capital in the Twenty-First Century*），才會在全球知識界引起巨大的關注。

在以上當代政治經濟與公共衛生的大背景之中，開授有關「語言邏輯與批判思考」、「網路民主與公共論壇」以及「人與環境」等通識課程，確實具有「現代相關性」（contemporary relevance），有助於協助學生深思21世紀重大問題，並展望未來人類的前途。

第二，回顧傳統文化，活化經典的新意義：本書第二部分所介紹的3門課程，可以歸屬這個方向。希臘羅馬神話是西方文化的遠源之一，在通識教育中的重要性是無庸置疑的。在戰後歐美國家所設定的諸多國際規範，已然成為古希臘神話中的「普羅克斯底的床」（procrustean bed）的21世紀，我們的青年世代如能精讀希臘羅馬神話，對他們瞭解西方文化的根源必有裨益。但是，對一般大學生而言，經典作為通識課程，必須在教學上力求活化，才能深化，並內化於他們自己身心之中，古人所謂「深入經藏，智慧如海」者是也。

在我所接觸的各種通識課程教學方法中，將古今中外經典作品中的價值理念，以戲劇展現的方式進行教學，可能是使學生心領神會，更能體會、體知、體驗經典中的價值理念的好方法，所以國外戲劇學者常提出通識教育的「展演的轉向」（performative turn），大概就是基於上述思考。北商大所開「電影英文」、「文學經典演藝」課程，就可以致力於經典的活化、深化與內化。

第三，在地關懷，全球視野：本書第三部分所介紹的 3 門課程大概是屬於這一類的方向。這個方向在全球化與反全球化 2 大潮流相互激盪的 21 世紀，自然是一個重要的通識教育的新方向。已故文化人類學大師吉爾茲（Clifford Geertz）曾提倡研究工作要從「具有全球意義的地域性知識」（local knowledge with global significance）切入，北商大的通識教育課程如「旅行故事與影像賞析」、「臺灣族群文學與文化」、「憲政民主與國家發展」等課程，注重地方創生，致力於從「在地性」智識提煉「全球性」的意義，應該都是值得努力的教學方向。

以上我揣摩北商大的通識教育 3 大方向，落實在教育實務上，可能可以分享一個共同平臺：經典閱讀。青年世代經由「立足當代」以「展望未來」或「回顧傳統文化」，都必須研閱過去的東西文化的經典，才能有立足之點，就好像在游泳中，泳者必須兩腳向後踢，才能前進一樣。二戰以後，美國哥倫比亞大學實施至今的經典研讀課程，受到廣泛的肯定。在青年世代從「在地關懷」以展開「全球視野」時，經典中的價值理念，可以賦予他們「在地關懷」與「全球視野」的價值立足點。所以，我深深覺得經典研讀課程，仍是 21 世紀大學通識教育中的重要課程。

三

臺灣各大學的通識教育，開始於五〇年代東海大學，參考美國的經驗所啟動的通才教育，歷經七〇年代清華大學一批留美返國教授的提倡，以及八〇年代虞兆中先生出任臺大校長（1981-1984）期間的推動，至今已經走過 70 年的軌跡。但是，由於華人社會價值觀與教育觀、政治權力的干擾、校園氛圍等種種因素的影響，今日臺灣的大學通識教育有待努力之處尚多，誠如本書編者所說：

　　環顧實際的教學現場，通識課程仍很常被有偏見的學生認為
是廢課、無用之學、成為週間休閒或補系上課程空堂休息用
的備胎。通識教師即便擁有良好的研究能力與教學成果，在
許多大學校園仍是邊緣的一群，通識課所教的「知識」在少
數目光狹隘的師生眼中只是「常識」。〔……〕大學往往高舉
「通識很重要」，評鑑時做做公關廣告，但放任師資不全經
費短缺，導致通識教育先天不良後天失調。於是乎，面向全
校的通識教育，聊備一格成為卓越大學的行銷「手段」，真
正關心教師正常開課、學生健康學習者屈指可數，遑論是否
嚴肅地把培育有素質公民當作是大學的「目的」。

　　本書編者所指出的臺灣通識教育「先天不良，後天失調」的
狀況，是第一手的觀察，也是對實際狀況的描述。我推測本書編
者所看到「先天不良」，可能是指臺灣除了少數大學是全科大學
（comprehensive university），擁有各學門的師資之外，大多數大學
多是應用或職業導向的大學，師資的失衡導致開授優質通識課程有
其先天上的困難。本書編者所謂的「後天失調」，指各大學通識教
育課程經費之短缺而言。

　　臺灣各大學的通識教育問題複雜，經費問題僅其一端而已。
全世界絕大多數大學都有財難之嘆，在 1989 年至 1993 年曾任日本
東京大學校長的有馬朗人，曾將他在東大校長任內講稿集成一書，
題為《大學貧乏物語》，大嘆東京大學經費之不足。臺灣的公私立
大學幾乎都處於經費捉襟見肘的狀態之中。但是，我認為就通識
教育的推動而言，除了經費不足問題的改善之外，更重要的挑戰
是：如何以全校最優秀的師資（例如各大學講座教授均與通識教育
中心合聘，並開授通識課程），重建通識教育課程的「可尊敬性」
（respectability）？本書編者指出：「系科教師與通識教師（系科課

程 VS. 通識課程）二分的觀點是有問題的。而前述的矛盾現象由來已久，且仍盤旋在大學的天空，成為我國邁向常規化大學教育的幽靈」，這是很正確的看法。美國頂尖大學推動通識教育，都是由校方的「通識教育（或核心課程）委員會」，就該校教學與研究最傑出的教授中邀請開課，所以，獲邀開授全校性通識課程，被認為是教授莫大的榮耀，因此莫不全力以赴。日本東京大學設有「教養學部」，負責大一、大二 2 年期間的通識與基礎教育，多年前東大「教養學部」部長曾告訴我，該部新聘師資時均與專業系所合作辦理，以學術標準為最高考量。

　　再更進一步來看，如何在通識教育課程教學中，將「意識形態」與「學術」嚴格區別開來（關於意識形態與學術的區分，可參考 Geertz, 1973: 193-233。特別是頁 232-233），使學生從通識課程的學習中獲益，從而提昇通識教育的「可尊敬性」？在分裂社會或政治嚴重對立的國家之中，教師如何挺立教育主體性，堅持大學自主與學術獨立，避免掌權者經由通識教育，而傳播既得利益階級與權力集團的特定意識形態？如何在通識課程中，不僅致力於學生的知識的提昇，更致力於學生的生命的提昇？如何通過通識教育而為學生編織一雙精神的皮鞋，使他們大學畢業之後，穿著這雙精神的皮鞋，走過未來人生中的荊棘與磨難？如何經由通識教育，而使在大學這艘大船上的學生的眼睛，不要每天盯著甲板看，而引領學生抬頭仰望北斗七星，校正他們學習的方向與生命的方向？以上這些挑戰可能才是華人社會的大學通識教育，更值得深思的問題。源遠流長的中華文化與教育傳統中，蘊藏著豐沛的生命的智慧，如果我們深入這個深具東方文化特色的生命智慧的泉源，必能規劃設計優質的通識教育課程。這是有待於我們全力以赴的通識教育方向之一。

　　從這部書中的內容看來，北商大通識教育已經取得一定成績，我謹以至誠之心，期許並期待北商大的通識教育更上層樓。

黃俊傑

2021 年 2 月 1 日
序於臺北文德書院

參考文獻

皮凱提（2014），《二十一世紀資本論》。詹文碩、陳以禮譯。臺北：衛城。

托克維爾（2013），《論美國的民主》（上卷）。董果良譯。北京：商務印書館。

有馬朗人（1996），《大學貧乏物語》。東京：東京大學出版社。

馬克思、恩格斯（1972），〈共產黨宣言〉。《馬克思恩格斯選集》（第 1 卷上）。北京：人民出版社。

霍布斯（1985），《利維坦》。黎思復等譯。北京：商務印書館。

Blair, Tony (2014) "Is Democracy Dead?" *The New York Times*. http://www.nytimes.com/2014/12/04/opinion/tony-blair-is-democracy-dead.html.

Brennan, Jason (2016) *Against Democracy*. Princeton: Princeton University Press.

Diamond, Larry (2015) "Facing Up to the Democratic Recession" *Democracy in Decline?* Larry Diamond and Marc F. Plattner (eds). Baltimore: Johns Hopkins University Press. pp. 98-118.

Geertz, Clifford (1973) "Ideology as a Cultural System" *The Interpretation of Cultures*. New York: Basic Books. pp. 193-233.

Runciman, David (2018) *How Democracy Ends*. New York: Hachette Books Group.

推薦序
未來大學的博雅之門

林從一

國立成功大學副校長

國立成功大學人文社會科學中心主任暨通識教育中心教授

教育部「大學學習生態系統創新計畫」總主持人（2015-2018）

閔翔老師投入通識教育 10 年，對於通識教育的精神、內涵、意義與困境有著深刻的理解與體會，他早已成為一個博雅通達的「通識人」，而通識人吸引通識人，這些年閔翔身邊不乏共同奮鬥的夥伴。閔翔主編的《博雅教育新取向》總結了他與夥伴們這 10 年來對通識教育的洞見和體悟，從通識教育理念、通識教育之於大學的意義與價值、大學教育的未來、臺灣高等教育的發展歷程到通識課程改革與教學創新，從理論到實務，從過去到未來，從宏觀到微觀，從學科知識到跨領域，從學院高牆到無邊界大學，從教師到學生，從失落到喜悅，閔翔與通識夥伴們像春蠶吐絲，也像織女日夜編織，吐出羽化之絲，編織出一個完整美麗的通識生命圖像。

從論述的大方向來說，本書以理論和實務，深刻闡述、論證和例證了幾個重要大學命題：

- 通識教育是大學教育的核心。
- 通識教育是一種「自由的博雅教育」，其目的是「使學生成為具有自由心靈的人」。

- 大學培育的是未來公民，未來公民是世界公民，未來公民也是全球人才。

本書無論在理論面和實務面都呼應 21 世紀以來世界及臺灣高等教育的重要發展趨勢，而高等教育的發展趨勢與通識教育的發展趨勢息息相關：

- 跨領域整合的教育趨勢。
- 以通識教育為軸線重新定位大學（專業和通識的界線逐漸模糊，體現在如大一大二不分系、博雅大學、系所制轉向學程制等發展）。
- 從知識本位到學習本位的教育轉向。
- 從套裝知識教授到核心能力培養的教學轉向（基礎能力的提昇勝於學科知識的形式均衡）。
- 教學成就重新成為重要學術成就。
- 社會參與式學習的發展。
- 情境知識與行動學習地位提昇（知識從教師、教室、教材解放）。
- 科技對大學教育的衝擊。
- 大學多元化與特色化（政府管制鬆綁的趨勢）。
- 高教國際化。
- 中學教育的通識教育發展（在臺灣，這特別指的是 108 課綱的影響，尤其是核心能力、基本素養、跨領域、實作導向的發展）。

《博雅教育新取向》一書的作者們，以教育者的悲憫初心、學者廣闊的理論視野、師生共作的教學歷程，共學共作，一起克服挑

戰，實現典範，見證、體現、深化了 21 世紀以來世界與臺灣通識教育的重要發展趨勢——想瞭解大學之所以為大學的人，本書是很好的思考媒介，關心未來新大學發展的人，本書更是重要參考。

在論述的大方向之外，我們也可以從字裡行間和具體案例中，觀察到許多令人深深有感的大學具體經驗。我特別喜歡本書對於大學教學、學習與校園生活具體經驗的討論，從這些活生生、具體的經驗中，我們可以看到通識教育乃至於大學教育的真實經驗，無論是快樂或挫折的大學經驗。

大學總體環境中不同元素之間存在著強力而變動的交互作用，愈能調控這些元素，愈能獲得令人滿意的大學整體經驗。大學生活中的課程選擇、社團活動、意見提供、住宿生活、校外活動都不是各自獨立、互不相涉的，學生必須演化出具有相當系統性、靈活性和開放性的系統，才能整編和調控內外部因素，進而整頓、強化和發展其自身。許多研究指出：(1) 愈能夠將課內課外的生活元素結合在一起的學生，往往愈能夠獲得令人滿意的學業和生活收穫。舉例來說，課外活動、打工一般而言不僅不會影響學業成績，還常常可以提昇學生對大學生活的整體滿意度。(2) 愈能規劃管理時間的學生，愈能調控利用環境中不同的元素。(3) 愈能利用批判性思考能力——從紛紜的資訊中統整出各項良好論點與證據的能力，往往就愈能收編多方資訊獲得良好的學術成就。(4) 多方面的建立與教授和同學之間的合作關係，並善加利用；孤軍奮鬥、獨學而無友，常常認不出自己的限制與缺點，喪失及時改進自身的機會。

就這個意思來說，通識教育正是培養學生對於大學總體環境不同元素的調控能力，通識教育愈好，愈能獲得令人滿意的大學整體經驗。事實上，無論是社會環境也好，人生遭遇也好，也都充滿各種互動的元素，在大學受到愈好的通識教育，我們相信，愈能獲得

令人滿意的人生整體經驗。

《博雅教育新取向》的研究也指出人們常有的一個錯誤成見：大學生不喜歡規定嚴格、作業考試頻繁的課程，換句話說，大學生喜歡輕鬆。事實上，學生們經常給予最嚴苛、最繁重的課程最高評價。課程規定嚴不嚴格和作業考試多不多，在學生對課程的滿意度上，並沒有直接的影響。真正的關鍵的問題是，什麼樣的課程設計，可以使得學生的學習迅速地、多次地、具體地得到教授、同學或其他環境要素的回饋？學生大多表示，他們在那些規定嚴格、小考不停、作業不斷的課程中，明顯獲益更多，最大原因是，學生可以迅速地得到教授的回應，因此可以在總成績定奪之前，獲得修正與改進的機會。

本書的一些論述與案例也呼應了我們的一個預期。人數較少的課輔課程、小型專題研討、一對一式的指導，皆為許多學生帶來各面向、頻繁、具體且迅速的回饋，並因此有極佳的體驗。學生從立即環境回應中得到極大助益的根本理由，或許是這些回應通常較為針對學生個人的特殊需求。小班級使老師對於每一位學生都能瞭若指掌，瞭若指掌便可以給學生量身訂做的具體建議，一句量身訂做的建議往往比一些不相干的高超學理，更能影響學生的未來。得到富有建設性且針對個人量身訂做的建議，是擁有美好大學體驗最重要的因素。

在讀《博雅教育新取向》時，我覺得很自在，我也覺得書中作者們很自在，通識人常讓人有自在的感覺。通識人的自在感讓我回想起一件事，有一次我主持「大學跨領域×高教新變革」的演講與對話，講者前倫敦大學學院副校長 Michael Worton 說：

　　我聽過對「大學的意義」、「大學的功能」最好的評論，或許會讓大家意外，不是來自學院中的人，而是來自學院外的一個人。這個人說：「在大學中最可以和陌生人（strangers）自然地談話」。

　　我認為 Worton 的意思是：陌生人指的是不熟識的人，不知道他的背景，也不知道他是不是同溫層中的人；而良好的談話至少是可以自由自在地表達不同意見。在理想的大學中，人們可以自由自在地發表不同意見，進行對話。可以暫時不用顧慮企業老闆、政府官員、學術掌權者乃至於學生。

　　這思想的自由正是通識教育的核心，也是大學的核心，也是人類未來的希望。

推薦序

用知識與經驗的典藏來
影響更多生命

黃俊儒

國立中正大學通識教育中心特聘教授

教育部「教學實踐研究計畫」專案總主持人

教育部第一屆全國傑出通識教育教師獎

現代大學經常被賦予 2 個主要的功能，一個是作為知識開展（研究）的前沿，另一個則是作為培育人才（教學）的基地。在臺灣，大學教師經常習慣性地這樣區分，把知識開展的部分歸為科技部的工作，把人才培育的部分歸為教育部的工作。為了分工上的方便，這樣的權責區分也無可厚非，只是在大學教學的現場上，「研究」與「教學」經常是很難如此截然二分的，因為缺乏研究的教學容易失於空洞，而缺乏教學的研究則容易流於盲目，若過度傾斜於一方都不盡理想。只是由於研究的產出比較容易計算及估量，有相對較為客觀的標準，因此比較能鼓勵教師進行長期的投注而裨益於職涯發展上的累積。相對地，教學則不容易有一個客觀的判準，所以常被認為是一種教育愛的展現，太講求回報反而會被認為太過功利。在這樣的遊戲規則之下，長期以來終究在大學的現場上鼓勵出一種重研究而輕教學的失衡氛圍。

　　所幸，為了改善這樣的處境，教育部這幾年也推動了許多鼓勵教師投入教學的一系列計畫及措施，尤其是通識教育，經常被視為大學裡面教學革新的火車頭，具有示範性的意義。雖然通識教育在許多專業掛帥的系所環境中，經常會有一種被夾擊的弱勢感，但是在根本的理念上，卻是一般知識分子認為最接近大學原初創設精神的一環，加上通識課程本質上的教學挑戰就大，於是通識教學的創新常常被賦予較高的期待。在教育部所推動的一系列教學改進計畫中，從早期的「優質通識課程計畫」，到「現代公民核心能力課程」等個別型教學改進方案，到包括「教學卓越計畫」、「大學學習生態系統創新計畫」、「科學人文跨科際人才培育計畫」、「大學社會責任實踐計畫」、「高教深耕計畫」等大型的校級計畫，通識教育都在裡面扮演一個極為重要的角色。

　　在前述這些計畫裡面，都激發了許多熱情以及才華洋溢的通識教師參與其中。我自己也因為有機會參與在這些計畫的實際執行與推動，加上目前所協助主持推動的「教學實踐研究計畫」，過程中見證了許多來自於臺灣不同區域的大學通識教師，如何為了成就一個更加完善的公民社會，而願意花精神把自己的課程經營得精彩、豐富並且符合學生需求。在這些計畫推動的背後，教師們累積了許多無與倫比的經驗，在教學上更是開創了許多因應時代變化下的嶄新作法及模式，這些都是十分值得被記錄下來作為其他教師參考的珍貴資產。為了典藏這些寶貴的經驗，我從最初編撰《把理念帶進教室：通識教師實務錦囊》（2011）一書，以及透過與《通識在線》雜誌所進行的專欄合作，催生《通往知識的祕徑：通識課程理念與教學實務》（2016）及《通往知識的祕徑2：如何上一堂通識課？》（2017）兩書，這一系列的工作不僅集結了全國許多通識教師的精彩教學及實務經驗，更具體化為一個學術的產出，試著在教

學、研究及學術書寫之間取得一個綜合性的貢獻。回想起來，透過這些文字的典藏，讓許多計畫精神得以延續與發揚，是自己這幾年學術生涯中一項特別有意義及價值的貢獻。

如今，非常高興地看見陳閔翔教授延續了這樣的精神及初衷，他以教育部技職司在 2015 年所推動的「通識課程革新計畫」作為基底，輔以曾執行過「公民核心能力課程計畫」的校內外教師，在《博雅教育新取向》中收錄了 8 位老師課程知識的 9 篇文章。作為主編的閔翔，自己就是一個將教學計畫執行得透徹且具有內容深度的優秀通識教師代表，他不僅在過去多次獲得教育部課程計畫的補助，並曾榮獲績優課程的獎勵，是新生代學者中推動通識教育著力很深且積極進取的典範，十分欽佩他能夠出來承擔這樣的工作。先前我在編著《把理念帶進教室》一書時，記得在〈自序〉的地方就有一段話是這樣寫的：「我們的用意很單純，希望能將這些第一手的寶貴經驗典藏起來，以便作為更多在不同領域及區域中兢兢業業的通識教師參考，更希望很多在通識教育上的努力，不會隨著教育部計畫的結束而劃上休止符。這是我們編輯這一本書最主要的初衷，也希望它只是一個開端……」。當時編書的動機就是希望透過書籍的出版可以讓許多優質課程的經驗有所傳承，並能夠有拋磚引玉的效果，如今看見本書的成果，格外感到欣慰。

過去，我曾經在一個研討會聽聞一位教學卓越的教師分享道：「教學是一個生命影響生命的歷程」，十分令人感動。我們如果可以進一步將這些情感上的悸動，化為洗鍊及雋永的文字，進而將這些好的作品珍藏下來，那麼我相信這些知識與經驗的累積，勢必會接續地影響更多的生命，這也是這本書存在的非凡意義及價值。

導讀

新共學時代的博雅知識、素養與未來

陳閔翔

國立臺北商業大學企業管理系暨通識教育中心助理教授

> 社會是否應該致力於培養公民的德行？……我們雖然深深注重繁榮與自由，卻擺脫不了正義的評判面向。認定正義不僅涉及選擇，也涉及德行，是一項根深柢固的信念。思考正義似乎無可避免地會促使我們思考最好的生活方式。
>
> ——桑德爾

> 欲以究天人之際，通古今之變，成一家之言。
>
> ——司馬遷

一、通識教育的批判性反思

大學是追求真理的地方！

現今的大學，通識教育存在著 18 世紀德國哲學家康德（Immanuel Kant）所謂二律背反（antinomy）的悖論困窘。

　　一方面，有別於系科必修課程，通識教師為了吸引學生選修和到課，上課過程往往會使出十八般武藝，深入淺出地傳授專業知識。因此，通識教育實然聚集了眾多深黯學生心態，細心專研教學技巧，不斷改進教材教法，持續致力用日常生活語言講述前瞻性知識的學者。這使得通識課成為大學裡最富實驗性、跨學科、接地氣的課程類型，通識教師經常是創新教學的領航者，通識學習成為培育未來人才跨領域最關鍵性觸媒或整合能力之養分。尤有甚者，通識教育的知識可能是最接近 university 英文字根 universe（宇宙）的意義：一個探討寰宇天地間各種普遍知識的地方──成為最能體現大學精神之所在。

　　然而另一方面，臺灣的高等教育轉型及通識教育改革雖然超過30 多年，但環顧實際的教學現場，通識課程仍很常被有偏見的學生認為是廢課、無用之學、成為週間休閒或補系上課程空堂休息用的備胎。通識教師即便擁有良好的研究能力與教學成果，在許多大學校園仍是邊緣的一群，通識課所教的「知識」在少數目光狹隘的師生眼中只是「常識」（我們不否認有「企劃書寫作」這種無知識承載度的通識課）。大學往往高舉「通識很重要」，評鑑時做做公關廣告，但放任師資不全經費短缺，導致通識教育先天不良後天失調。於是乎，面向全校的通識教育，聊備一格成為卓越大學的行銷「手段」，真正關心教師正常開課、學生健康學習者屈指可數，遑論是否嚴肅地把培育有素質公民當作是大學的「目的」。

　　我們這樣描述與斷言，並沒有否認系科教師也具備教學創意的動機與能力，也沒有要否定各系存在著專業學識與氣度恢宏兼具的教師，現實中，我們的確也看到許多用心創新教材、戮力拔尖學習成效的大學教師。故而，這裡只是要表達：系科教師與通識教師（系科課程 VS. 通識課程）二分的觀點是有問題的。而前述的矛盾

現象由來已久，且仍盤旋在大學的天空，成為我國邁向常規化大學教育的幽靈。

　　客觀來論，大學 4 年的學習，由不同領域、形式及知識範疇聚積成一個「完整的大學教育」，這過程包含了住宿、社團等課外活動及其他潛在學習。單以學分數來分析，一位大學畢業生所需的 128 學分正式課程學習，系科課程與通識課程肩負不同功能，但共同目標皆是打造專業博雅的現代公民。國外行之有年的學院模式，以編者較熟悉的法學院或傳播學院，早就以不分系的課程模組，嘗試打破單一系科的限制來陶冶法律系或新聞系學生。國內近年推動的微學分、深碗課程、整合學程、書院或跨領域學院、大一或至大四不分系的學士學位等等，都是服膺這樣融合式的教育理念。唯囿於教育部規範與校園文化，我們的大學自主性甚低，彈性與空間不大，這也是跨領域喊了很久，但大學內部甚少有同步的課程配套措施與調整。

　　大學應該成為年輕人探索自我的基地（包括探索知識、素養、興趣及能力等不一而足）。

　　我們深深以為，倘若青少年已於 15 歲甚至 12 歲即探索完畢，確認自己的人生方向與職業目標，那他／她根本不用上大學。我常舉 Ati Masaw（阿美族語，音譯阿帝馬紹，即張泰山）為例，森林王子於國小就有強打少年的威名，高中畢業就簽約成為職棒球員。然他 28 歲才進大學念競技運動，36 歲取得體育碩士，是興趣及職涯的再次考量。執意用單一化、學科化的標準看待每個人，世上就不會有賈伯斯（Steve Jobs）的蘋果電腦與吳寶春麵包（前者大學休學；後者以國中學歷再取得新加坡碩士）。在此無意爭辯大學無用或體制僵化，而是想突顯一個問題：每個人都應思考為何讀大學？

　　設若「天生我材必有用」箴言值得參考，大學教育其中一個功能應該協助學生找到自己的興趣或能力，讓每個人能挖掘天賦、培養天賦、發揮天賦——人人都成為自己選擇下的天才！愛因斯坦（Albert Einstein）那睿智的警語猶言在耳：如果你用「爬樹能力」來評斷一條魚，那牠窮其一生都會認為自己是蠢才（史帝芬斯，2014：43）。

二、重探大學的意義與價值

　　通識教育是大學教育的核心！

　　通識教育的英文 general education，雖可理解成一般性教育或普遍教育，但字義上不意味著它是專業知識的普通化或庸俗化，也不能錯認是系科課程的補充知識——每門知識都有其主體性，宣稱「專業與通識互補」誤解了通識的意義——反而應該這樣理解：通識教育以某種專業建構層次與影響模式，為大學知識堆疊過程逐漸形成出核心能力，完滿大學生（能為自己負責的成熟人，非「小」學生）成為現代文明「人」的必要素養，而非其他物種。civilization（文明或文明化）這個字保留拉丁文 *civilis* 公民化、城市化或現代化之意。公民就是文明人，有文化涵養的人，可以分工合作的社會人。據此，要成為文明理性的公民，就必須接受全人的陶塑。

　　根據當代學術分工，建構本土化、有臺灣特色的通識教育，不必全盤移植西方通識教育，也非不加思索地繼承中國古典知識。而是在全球化思潮下，構築一種涵蓋西方各種現代性結構下的文史哲、社會科學與自然科學知識，也可涵蓋儒道墨法佛等東方智慧以及臺灣在地孕育出來的通博知識。如此深刻且廣泛理解通識的全人價值與通才意義，我們才可重新界定通識教育是一種「自由的博雅教育」（liberal arts education，簡寫 liberal education）。博雅教育原始

意思是，自由人的教育或宏通教育，其目的是尋求自我解放：

> 「使學生成為具有自由心靈的人」，不僅知道如何主宰自己的思想，也能對所屬社會的規範與傳統，進行批判性的省思。（東海大學博雅書院，2018：37）

　　如果上大學是為了讓自己在「做人做事做學問」等方方面面更博雅——博雅的意思可指氣質、視域、品性、人格、心靈、美感、對知識更謙虛……等人之條件與素質，那麼通識教育的目的就是在形塑人的主體，它是一種與外在客體建立互為主體關係的教育，用通貫古今或中西融滲的知識來完成人之覺醒的「自我認識」。博雅的品格是一種德行或德性（virtue），它不是教導小孩準時、有禮貌的「公民道德」；而是學習判斷對錯、見義勇為的「實踐倫理」，如此詮釋才能匯通西方公民共和主義思想或儒家大學之道「止於至善」意義。是以，通識最重要的功能，係藉由一門課一門課積累出認識外在與內心世界的方法與想像，藉由開放、自由、興趣取向的不同學習，追求「自己拼湊自己的樣子」，依此師生共學才能幫助學生完成自己：讓每位學生體察自己、實現自己，找到美好的人生志向，成為身心靈和諧的人，可適應社會且健康地迎向未來，不要成為愛因斯坦抱怨的那隻訓練有素的狗。

　　未來的人才是一種全球人才！

　　事實上，身處於社群媒體的影像時代，網路科技、人工智慧以及線上影音的蓬勃發展，許多問題的複雜度與多層次早已不是單一學科訓練可以解決的，學習的場域也不限只能在教室，一個人所擁有的能力必須是多重的，並且必須與他人團隊合作完成。這幾年很夯的大數據、區塊鏈、自動車、電子支付或無人商店，除了牽涉到技術上的程式設計、市場競爭、流通管理之外，本質上還涉及道德推理、教育政策、金融秩序、資通監理、法律隱私、科技與人文關

係等不同層面的課題。甚者，2020 年 COVID-19 傳染病疫情的全球流行，除了立即驗證各大學實施多年的開放式課程與磨課師成效外，也考驗我們有無能力在隔離下順利進行遠距教學與自主學習。知識不是紙上談兵，而是可實踐的、具批判性的。科技變化速度之快，使得大一學的東西到了大三就消失了，特別是實用技術取向的知識很容易改版或系統更新。因此，真正的學習是「學習如何學習」（learning how to learn），學的是觀念，以便可以掌握那流變中的不變。

邁入後疫情時代，全球化與反全球化持續辯證與對立，逼迫我們反思人與人、人與動物、人與環境、人與國家等關係。大學要培育的人才是具反思能力的知識分子，唯有對人類的理性進行檢驗與反思，才能真正獨立思考、分析問題與解決問題，真正的知識分子才是公民社會的中流砥柱、社會良知（王振輝，2016：210-215）。那麼，如何陶冶有素養、能力、乃至有良知的知識分子？我們的身心靈都準備好了要面對未知的世界了嗎？21 世紀的數位公民，價值觀與技術能力都與 20 世紀有很大的差異，面對自我的迷惘、傳統的斷裂、環境的巨變等新挑戰，因應的方法或許可從「自我的轉化」開始，逐步啟動「世界的轉化」；目的是「提昇受教育者的文化素養」來「拓展學生眼界與心胸」（黃俊傑，2015b：293-304；2015a：299）。要之，培養跨領域思維、打造複合型人才，成為當下及未來大學最核心的任務。觀之近代科學進展，別忘了 universe 還有統合或整體（a whole）的涵義。如此，我們才可以豪氣地說：通識教育是一種全人教育！

說到底，大學要培育的是未來公民。

三、高等教育與社會發展：宏觀面回顧

　　從歷史的時間軸線來觀察，自 1987 年解嚴以降，我國的高等教育實為一頁教育部的政策更替史，在社會民主化動態過程，借林從一校長（2017）的書名，也可說是計畫中的自由教育演變史。以下簡述分掌「大學」的高教司與「科技大學／技術學院／專科學校」的技職司的主要政策作為及影響。

　　1990 年春的野百合學運，促成剛就任的李登輝總統啟動修憲的民主轉型，是大學生關懷社會的早期代表。嗣後，整個九〇年代，因著民主化趨勢，高等教育朝向普及化擴張。1994 年教改大遊行倡議，開始廣設高中與大學；1995 年釋字第 380 號解釋，「部訂共同必修」被大法官宣告違憲，打開大學自治及制度鬆綁濫觴；1999 年 6 月實施《教育基本法》，明訂人民是教育權的主體，並鼓勵私人興學。

　　千禧年首次政黨輪替，也帶來高教新思維，大學邁入另一階段競爭型的轉型，面對已飽和的 160 間公私立大專校院，高教司與技職司分別推動不同目標的大型計畫。例如 2006 年實施評鑑系所的大學評鑑、邁向頂尖大學計畫及教學卓越計畫。2010 年起推動技職教育再造方案（簡稱技職再造），並在 2013 年第二期技職再造同時，再推發展典範科技大學計畫。在這琳瑯滿目的政策引導下，2007 年 8 月初，大學指考在酷暑中放榜，一則「18 分上大學」斗大的新聞標題敲響了人人上大學、窄門變寬門的大學喪鐘。*

　　2010 年適逢虎年只有 16 萬嬰兒出生，「少子化」成為這 10 年

---

* 2007 年苦主是已停辦的稻江科技暨管理學院某學生，4 科加權後約 18 分。而邁向頂尖大學計畫簡稱「頂大計畫」，俗稱 5 年 5 百億計畫。在 2006 年至 2015 年 10 年間，分 2 期執行，第一期原名發展國際一流大學及頂尖研究中心計畫。同時間為平衡研究與教學，於 2005 年推動教學卓越計畫，簡稱「教卓計畫」。

大學招生揮之不去的夢魘。政府遲至 2013 年才訂《教育部輔導私立大專校院改善及停辦實施原則》，開啟退場機制。2014 年修改《專科學校法》，放寬科大、技術學院可「降格」為專科或高職。這時期兩岸交流漸成，2011 年陸生來臺就學暫時補足了少子化下的學生數，大量來自對岸的交換生與學位生，其積極、勇於發言的嗆辣風格，也讓教室的人形立牌景觀產生質變。當然，2014 年 3 月那場太陽花學運，是大學生利用網路號召上街頭的案例，也孵化出新一批所謂公民覺醒的青年世代。

面對倒閉潮壟罩的高教環境，2015 年教育部推出高教創新轉型計畫，但因隔年政黨輪替無疾而終。在新舊政府過渡期，不乏有實驗精神的全校型方案，如 2016 年的大學學習生態計畫，以共同演化推動未來大學、無邊界大學、共學夥伴學校等模組。2017 年教育部端出與科技部專題計畫地位與重要性相仿的「教學實踐研究計畫」，除引導教師產出優良教案與教學研究外，也強化教學的學術性與認同度。2018 年教育部盤點頂大教卓等計畫，賡續推動「高等教育深耕計畫」（簡稱深耕計畫），期以校為單位，打造具教學創新、高教公共性、學校特色、善盡社會責任的新大學。尤其社會責任喊得震天價響，瞬間實踐大學社會責任（university social responsibility，簡稱 USR）成為顯學。另外，搭配政府前瞻基礎建設計畫的人才培育促進就業建設，於技職方面推動優化技職校院實作環境計畫，以求共同引領新一波技職教育新氣象。

回溯至此，本文無意窮盡所有政策方案，只想要點出：教育部各種計畫引導制約下，有些大學的確變得更好，但若沒有這些政策計畫，大學就不好嗎？以目前最重視的深耕計畫為例，指標未關注到的大學治理問題就消失了嗎？誠然，30 年來的自由化、民主化、法治化，大學形成教授為主的專業同儕階級制，各大學也極力發展

自身特色：國際攬才、縮短學用落差、實現畢業即就業的辦學績效。然不可否認，許多沉痾和陋習仍在，例如假實習、真剝削的建教合作工讀；流浪博士、專案教師等非典型聘用浮濫；以及近幾年頻上新聞的論文造假抄襲的學術倫理爭議。面對高學費、教育商品化和學店化等腐敗趨勢，倘若大學真的是追求真理的堡壘，大學的封閉文化必須全部打開，面向社會，提高公共監督與民主課責。

　　鑑古才能知未來。套用時下防疫的流行語，面對未來，大學應該「超前部署」。眾多報導與評論均指出，2028 年將是我國大學的雪崩終結年，因為 2028 年的大一新鮮人，正好是 2010 年生，故少子化的情勢只會更加嚴峻。在各大學忙著深耕之際，撇開計畫的績效指標，我們是否應該好好想想大學是什麼？大學應該教什麼？學什麼？並且從學生的角度去追問：我們如何打造第二、第三專長的競爭力，以回應大學應該是什麼？或大學教育如何可能？以求降低對大學的迷惘、失望或憂心。**

　　那麼要如何開始呢？從建立通識教育的「可尊敬性」開始！

四、從課程革新到教學創新：微觀面實踐

　　大學是由教師、學生和行政人員所組成的。體制上唯有三者通力合作，才有可能成就一流的大學。

** 見《大學差很大》是較早從校務全景對臺灣高教的剖析（高安邦，2011）。《大學倒了沒？》對少子化危機提出解決之道（陳振貴，2015）。《大學不迷茫》寫的雖是大陸學生經驗，卻用坦率文字講述思想準備、時間管理與能力培養（李尚龍，2018）。近年提倡校務研究（institutional research，簡稱 IR），例如描述 9 所大學招生策略與學生就業表現的 2 本新書（廖慶榮等編，2020a，2020b）。此外，學習編輯的過程，向這幾本書取經甚多，包括楊倍昌編（2013）。陳幼慧編（2013，2015）。陳炳宏、柯舜智、黃聿清編（2014）。師大通識教育中心編（2014）。林秀娟總編（2015）。梁家祺編（2015）。宋秀娟編（2015）。楊倍昌、陳政宏編（2015）。通識在線雜誌社編（2016，2017，2018）。國立臺灣科技大學通識教育中心編（2017）。這裡沒有窮盡這類型的書，合先敘明。

　　美國加州大學柏克萊分校前校長柯爾（Clark Kerr）曾經這樣描繪巨型大學（multiversity）：「大學不是由單一社群所組成，而是由許多不同的社群所組成……應該擁有一種社群的靈魂，一條單一且具生命力的原則」（柯爾，2009：16）。這幾年，各大學流行翻轉教育，創新教學在一門課、一位老師身上都還算容易，只要個別教師有心嘗試，學生大多能感受到教學的熱情與知識的價值。我曾審查過一門校外的「國際禮儀與職場會話」，並協助確認要導向系訂選修還是通識課，當時建議課名改成「職場文化與溝通表達」或「職場倫理與跨文化溝通」，讓內容更符合博雅精神。理由是真正的通識課，不應成為技術課，許多面試或與老闆客戶互動的注意事項網路上均可搜尋得到，因此知識主軸應著重職場倫理與文化體察，講授單元至少要有職場上各種應對的專業倫理（例如求職信、離職程序或合宜行為）、禮儀、法律規範、勞動權或勞資關係、大小企業異同及東西方的公司文化之比較等，比起純粹練習職場英文口說，我認為這樣的課程設計更有助學生在跨國企業或外商公司工作的品性及能力鍛造。

　　我相信只要教師願意，改變教材教法是可能的。近來許多大學開始推行課程大綱外審，課綱的系統性、知識點、教材教法與評量方式，跟所有碩博士論文的學術訓練與規範一樣，內容都必須要有連貫性與邏輯性。學生若是有心，會發現教師用心設計，並從課綱找到好課。如此，師生才能共好、教學才會相長——如果說學習的主體是學生，那麼學生的支持、參與課程是最關鍵的部分。相對於此，大學總體友善環境的形塑、一間學校通識教育的進步，就不是一門課、一個人可以做到的。反而，需要一群有理念、有共同目標、並有行動共識的教職員生一起投入，特別是教研幕後的行政人員，專業、貼心且簡化的行政是邁向卓越大學的推力；許多行政

主管都是教師兼任，各種計畫聘請的專案助理來來去去，故給予良好、穩定的支持系統也相當重要。理想上，所有教職員工生都應該有大學理念，研習通識精神，培養博雅素養！

　　從課程革新到教學創新，是一個細節逐漸演化、並且沒有盡頭的過程。

　　以編者服務的學校為例，2007 年 12 月共同學科改為通識教育中心，2014 年 8 月才升格為大學。約莫 6 年前，當我來到這裡時，深感在前輩奠定的基礎上，有必要繼續推進轉型的幅度與深度。2015 年 3 月我即組織了一個通識教師社群，有 4 門課於 104 學年度申請到技職司的「通識課程革新計畫」，為這所單科大學攪擾了通識百年漣漪。由於學生選課仍勢利地以「分數甜、不點名、上課佛」為主，而非「求知識、找興趣、塑能力」等素養考量，是以，要撼動沉睡已久的校園保守結構格外艱難。

　　秉持著大學的理想主義與樂觀使命，以執行 2 年的革新計畫為起點，藉著系統化的實務業師演講、多媒體輔助教學、校外參訪導覽、主題徵文、個案寫作討論或世界咖啡館討論課、角色扮演或影音展演、跑班換課或共時授課、建置教學網站與網路討論區、成立教學助理團隊、舉辦聯合成果發表會等多樣化課程內容，我們不僅改觀了學生對通識課的想像，更帶動了許多同事們的好奇與觀摩，在橋接教育部深耕計畫的空檔，2017 年至 2018 年間有 8 位中心老師接續參與了技職司第 3 年的方案：「教學創新先導計畫」的問題導向及通識革新 2 類課程，共挹注了 3 百多萬的外部經費在學生身上，成為北商大通識教育的高峰。同時間，教務方面也完成課程架構的改造，朝向不綁班、可自由選課的方向調整，特別是我擔任召集人的公民涵養核心必修領域，將原本只有 3 門課轉化出 12 種課，讓同學可依興趣及能力自由選修。綜上，歷經 4 年的打底，雖

然還有許多問題尚待解決,但整個通識教育可謂煥然一新,在課程結構與具體內容上,都朝向更多元、更互動式的學習模式。本書即部分見證了這所大學的美麗蛻變,呈現了那些年通識教育革新與教學計畫的成果結晶。

五、共學人文、社會與自然知識

　　本書 9 篇博雅知識,由 8 位教師撰稿。以前揭教學創新先導計畫的通識教師為基礎,收錄其中 5 門課精華,編者再邀請中心也曾執行過教育部公民核心能力課程計畫的蔡美惠副教授,以及外校 2 位學術好友:世新大學口語傳播暨社群媒體學系胡全威主任、大葉大學生物資源學系賴伯琦助理教授,撰寫其特色課程的知識概要,加上編者另一門深具創意風格的民主課,來勾勒語言修辭與哲學、環境倫理與科學、社會創新與政策等方面的內容。

　　第一編「趨勢素養陶塑」由 3 篇文章組成。首章胡全威主任的「語言邏輯與批判思考」,言簡意賅地點出人類言語及人際互動的存在根本:溝通與表達。透過精湛的修辭學說明,其指出論證框架效應,並介紹了推論的 3 種模式:演繹、歸納、類比,為本書做了哲學饗宴的邏輯開場。如果讀者享受文中深具思考性的實例,將可獲致以理服人的溝通理性。未來的世界肯定是往雲端、虛擬及線上發展。第二章為「網路民主與公共論壇」知識要旨,陳閱翔助理教授一方面談論了臉書興起,社群媒體的傳播特徵與網路第五權定位,包括假新聞、帶風向、網軍霸凌等流行話題;另方面鏈結審議民主與公共領域,對網路的言說行動,諸如資訊隱私權、誹謗、著作權與合理使用等法律規範做介紹,相信對數位民主有興趣的讀者,一定會有共鳴。2015 年聯合國通過「永續發展目標」(sustainable development goals ,簡稱 SDGs),這 17 項指標 169 個

項目展現了人類未來，堅持經濟成長、社會進步與環境保護三均衡的行動綱領。在此背景下，第三章賴伯琦助理教授的「人與環境」，從土地倫理切入，引領我們如何調適全球環境變遷與極端氣候變化，重新反省人與自然關係，該文羅列了大量的討論問題與多種文本指引，地球的永續發展與人類生活切身相關，是不可忽略的知識。迎向後全球化未來，網路及環境這2項迫切性課題，是當代公民必備的素養知能：我們要有使用數位工具來解決問題的能力，也要有實踐永續生態哲學的素養。後2門課皆是教育部公民核心能力課程計畫的得獎課程，具代表性與可讀性。

　　第二編「東西古今對話」均為北商大的通識課。兩位英文老師與一位國文老師將帶領讀者穿越古今、橫跨中西文明，在古典文本與電影文本中領略知識的浩瀚。簡士捷主任的全英語通識課「希臘羅馬神話」，也是教育部計畫的得獎課程。第四章簡主任特地為我們書寫西方文學和考古源流，娓娓道來希臘羅馬眾神及英雄歷史，內容深入淺出甚是精彩，對特洛伊戰爭、星座人物事件等主題好奇者一定會有收穫。電影、音樂或歌曲等影像文本，是新媒體時代常用的教材。談玉儀副教授的「電影英文」是學校相當熱門的通識課，第五章篇名「舞動季節嘉年華」，其如詩如畫般的文字功力，使電影《樂來越愛你》人物情節、戀語情緒、角色互動躍然紙上，讓我們在互文節奏中感受喜怒哀樂，愛好歌舞片的影迷，一定不能錯過那些電影教我們的事！這2章深化我們對歐美文化的認識，陶塑國際移動的跨文化素養。而張谷良助理教授的「文學經典演藝」是新課，第六章試圖顛覆一般人對國文課的刻板印象，藉由戲劇演繹讓「經典」活起來。通篇以教學實踐研究的陳述方式，結構工整說明了創作性戲劇之特色，最後整理了學生對《聊齋誌異》與《紅樓夢》的文學反思與戲劇演繹心得，讀完後會深深感受到張老師的

教學熱情及對傳統文化的喜愛。

　　第三編標題訂為「在地創新行動」，除了展示當前的大學知識著重社會行動外，也反映國文課與民主課已不若以往古板，而是不斷翻新、與時俱進。這編邀請兩位國文老師與一位憲法老師撰稿。林盈鈞館長的「旅行故事與影像賞析」是非常受學生歡迎的通識課。第七章介紹旅行文學的知識梗概，示範了旅行書寫在生命中的意義，並指出走讀見學的樂趣與功能。文中提到的故事、場景值得細細品味，讀完會對臺北城的主要地景風貌有史觀式的瞭解，忍不住想要馬上起身去走訪那屬於臺灣的京都！從地方感出發，我們需要關心臺灣，進行在地行動。第八章蔡美惠副教授的「臺灣族群文學與文化」帶領我們領略本土文化之美，該文分享其融入服務學習「準備→活動→反思→發表」的混成教學設計，呈現教學實務的研究特徵，亦可在字裡行間窺見閩南、客家、原住民族與眷村等繽紛的文學綺麗。2 篇章共同訴說著：我們從小到大的國文課學習，隱含更深層的目標：豐富文化素養。創新是這幾年大學的主流，不創新就會被淘汰。在「憲政民主與國家發展」課程中，陳閔翔助理教授開啟了一場社會創新的民主旅程。第九章介紹了地方創生、社會創新、社會企業等新觀念，對國家發展的各階段治理和前瞻計畫也擇要說明，並分享師生研發的長照政策個案，其湧現的創意特色，榮獲 2019 年清華大學的優良創新課程及教學競賽優等肯定。

　　全書最後用「知識迴響展望」做總結：結論特載張瑞雄校長與我合著的文稿，原刊於通識教育學會主辦、在華人世界甚有影響力的《通識在線》。該文陳述了大學技職教育的精髓，可鳥瞰晚近通識教育變化軌跡。另選杜威教育哲學研究襯底，這篇 TSSCI 等級的期刊論文，是編者力行教學藝術的理論成果，除豐富本書的學術性外，標題「展望」希冀突破編輯規範，揭櫫通識教育「新取向」的

燃點在教師。書末附錄同樣曾刊於《通識在線》「學生觀點」的 2 篇短文，是編者學生的學習回饋。

　　不同於坊間的師資培育用書、課程設計匯整或教學實務心得，本書一開始即定位為具學術規格的知識性書籍。綜觀而言，本書特色有二：第一，以一門通識課做引介，用「說故事」的方式呈現主要知識。全書均用淺顯易懂的文字來論述，知識點引用皆標示出處，可端見每位作者備課的後設智慧，讀完將可獲致清晰的博雅理念。第二，由於書寫不像研究論文那樣艱澀，因此深具親近性，可供一般社會大眾、關心大學通識教育的人士閱讀與典藏。我們期待的讀者是：不只對書中主題有興趣的師生，更是對未來尚有盼望的公共知識分子。就完整性來看，全書含導讀、附錄共 12 萬 4 千餘言，涵蓋人文、社會與自然 3 大知識領域，是一本專業與博雅兼具的通識學術專書。

六、啟航大學的博雅之旅

　　大學是社會最後的良心，大學教育應扮演引領未來的燈塔！

　　誠如《為博雅教育辯護》（*In Defense of a Liberal Education*）的呼籲：「我們的視野不夠開闊，無論是觀察世界或回溯歷史，所以提不出具有深度和廣度的問題。而解決上述現象的答案，即便到現在，依舊是每個人都能多接受一點博雅教育」（札卡瑞亞，2015：140）。記得我在東海大學念一年級時，國文課分別選修「史記」與「現代小說」，其中讀《史記》寫評論是一段很愉快的經驗，本文開頭引用的雋永文字原始出處是《漢書‧司馬遷傳》的〈報任安書〉，記得上課老師提到要跟〈太史公自序〉一起看，才能參透司馬遷的思想。回顧我自己的通識學習，驚覺其影響力竟然如此深遠。

我深信大學是追求民主的烏托邦！

大學作為人類希望的知識殿堂，無論是學術研究還是技術研發，大學教育不可能自外於公民社會。大學另個同義字 college（學院），其中一項意涵即是「共學：一起去學習」（to collegiate）。大學是最適合師生共學的場所，理想上、實質上如果要發揮大學精神、實踐大學理念，應該要大學社群裡的所有成員都一起共學。在手指一滑就能找資訊的網路環境，老師在講臺前講授的知識與內容，學生很容易就查核對錯。教室的框架概念早已要打破，這不是說實體「教室上課」不重要——教室裡的教學，包括互動、討論與問答等，仍是系統化知識、建立和內化學習者自身知識的重要模式——而是說如果一個人真正想學習，不一定要在教室、在學校。社會上、教室外有許多學習資源可利用，關鍵在於我們是否會思考與判斷，是否能夠打破既定套餐化學分及時數的體制侷限，找到適合自己的學習興趣和方法。《沒有教室的未來大學》（*Hacking Your Education*）作者曾言：未來大學其實什麼科系畢業根本不重要，上大學的目標不在獲取文憑，而是要能進入學習殿堂，盡情充實學識。大學有 3 大承諾：豐富的社交生活、找到工作、為了學習而學習（史帝芬斯，2014：21）。就此而言，上課重要的不是傳授了什麼，「傳道授業解惑」仍是學習的關鍵，但是未來的高度不確定性，使得獲致知識的密碼將是：師生共同探究學問、一起問問題、一起思考、一起找答案（或一起找不到答案），成為共學社群與永續學習社會。這才是新共學時代的意義。

大學及通識教育的知識，不可諱言要隨著社會外在環境的轉變而有所不同，據此，重新定位通識教育有其必要性。如同前面所提到的，隨著人工智慧的應用成為社會上和職場上的常態，未來公民應具備什麼樣的素質（哲學思辨？溝通行動？），大學課程應該含

括哪些知識（程式設計？科技與社會？），不僅會急遽變化，且會持續在大學師生間永無止盡地討論著和辯證著。

　　準備好了嗎？一場博雅之旅要啟航了……

謝誌

　　本書萌生自 10 年前正式投入大學教育的一個心願。

　　記得 2011 年初退伍時，博班母校剛好拿到教育部頂大計畫，我因緣際會在臺灣師範大學通識教育中心服務 1 年多，負責教卓的「問題解決行動能力」分項計畫。雖然我做的博士後是行政工作，公餘只開一門通識課，但剛出道的我很用力地上了兩學期的「網路民主與公共論壇」，藉著執行公民核心能力課程計畫過程，逐漸清楚意識到通識精神。當時辦公室案上永遠擺著《把理念帶進教室》（黃俊儒、薛清江編，2011），我曾暗自許下相似出版願望。如今因緣俱足，這個發想在許多學術先進幫助下實現了。成書不只是想作為一段歷程的紀念而已，這 3 年我在邀稿編輯過程，深感集結眾人智慧並不容易，但編書肯定是我學術生涯相當榮幸的禮物。

　　本書順利出版要感謝臺北商業大學張瑞雄校長、教務處及邱繼智前教務長、這 2 年借調的管理學院張世佳院長、企管系張旭華主任、通識教育中心全體老師同仁的大力支持。感謝臺灣大學黃俊傑教授慷慨贈序，黃師曾獲聘北商大榮譽講座，特別感恩您慎重地為本書命名。感謝成功大學林從一校長、中正大學黃俊儒教授百忙之餘贈文推薦。對於《通識在線》、《教育研究集刊》慨允重載文章，俊儒學長引薦出版社，以及巨流圖書沈志翰主編、林瑜璇編輯的費心協助，在此一併致謝。書籍終於付梓，謝謝我科技部計畫 2 位研究助理：大學部商務系婷榆、五專部企管科永昀，於出版前夕協

助校對勘誤。最後，要特別謝謝各篇作者共襄盛舉、無私賜稿。編者求好心切，每篇文章都經過來回審查修改，反覆確認知識點及出處，只為了讓品質更佳，內容更具閱讀價值。這本書若有什麼貢獻，8 位撰稿學者是最重要的功臣。

參考文獻

王振輝（2016），《奴化大學：自掘墳墓的教育》。臺北：五南。

札卡瑞亞（2015），《為博雅教育辯護》。劉怡女譯。臺北：大寫。

史帝芬斯（2014），《沒有教室的未來大學：自己的前途自己救，把興趣變成創業／就業的競爭力！》。賴孟怡譯。臺北：高寶。

司馬遷（1993），《史記選注匯評》。韓兆琦編注。臺北：文津。頁582。

宋秀娟編（2015），《用整合翻轉通識：整合型通識教育課程教學參考手冊》。彰化：大葉大學。

李尚龍（2018），《大學不迷茫》。臺北：今周刊。

林秀娟總編（2015），《大學3.0》（上）（下）。臺北：教育部。

林從一（2017），《計畫中的自由教育》。臺北：師大書苑。

東海大學博雅書院（2018），《博雅教育的學與思：無價學分養成人文素養、哲學思辨與創造力》。臺北：商周。

柯爾（2009），《大學的功用》。楊雅婷譯。臺北：韋伯。

師大通識教育中心編（2014），《博雅與匯通：師大核心通識課程理念與實踐》。臺北：臺師大出版中心。

高安邦（2011），《大學差很大》。臺北：樂果。

桑德爾（2018），《正義：一場思辨之旅》（10周年全新譯本）。陳信宏譯。臺北：先覺。頁42，55。

國立臺灣科技大學通識教育中心編（2017），《走進跨領域和自主學習的通識課》。臺北：五南。

陳幼慧編（2013），《通識最前線：博雅與書院教育人才培育圖像》。臺北：政大出版社。

陳幼慧編（2015），《教學是一種志業：教學行動研究案例分析》。臺北：政大出版社。

陳炳宏、柯舜智、黃聿清編（2014），《教學與學教：高等教育媒體素養教學手冊》。臺北：臺師大出版中心。

陳振貴（2015），《大學倒了沒？大學教育和教授的未來》。臺北：獨立作家。

教育部「高等教育深耕計畫」。網址：http://sprout.moe.edu.tw。

教育部「教學實踐研究計畫」。網址：http://tpr.moe.edu.tw。

梁家祺編（2015），《大學營養學分：遇見16堂不一樣的通識課》。臺北：萬卷樓。

通識在線雜誌社編（2016），《通往知識的祕徑：通識課程理念與教學實務》。臺北：開學。

通識在線雜誌社編（2017），《通往知識的祕徑2：如何上一堂通識課？》。臺北：開學。

通識在線雜誌社編（2018），《哲學大師的通識教育思想》。臺北：開學。

黃俊傑（2015a），《大學通識教育的理念與實踐》。臺北：臺大出版中心。

黃俊傑（2015b），《大學之理念：傳統與現代》。臺北：臺大出版中心。

黃俊儒、薛清江編（2011），《把理念帶進教室：通識教師實務錦囊》。高雄：麗文。

楊倍昌編（2013），《大學轉骨方：在地觀察、行動與實踐》。臺南：成大醫科社中心。

楊倍昌、陳政宏編（2015），《大學新5功：臺灣當代高教奮鬥與轉型的在地實驗》。臺北：教育部。

廖慶榮等編（2020a），《臺灣校務研究之招生策略》。臺北：秀威資訊。

廖慶榮等編（2020b），《臺灣校務研究之學生就業與發展》。臺北：秀威資訊。

第一編
趨勢素養陶塑

第一章

以理服人的溝通：
語言邏輯與批判思考

胡全威

世新大學口語傳播暨社群媒體學系副教授兼主任

「語言邏輯與批判思考」為世新口傳系必修課。作者為臺灣大學政治學博士，曾在英國雪菲爾大學新聞學系進修博士。回國後任教於臺中教育大學、中國醫藥大學等校，開設全英語通識課。專長為政治修辭，常於報章、網路論壇發表時事評論，個人網站請見「政治、溝通與生活」。

一、前言：從同性婚姻認識滑坡謬誤

在討論同性婚姻合法化時，常常會聽到一種說法：如果開放同性婚姻，接下來就會開放一夫多妻、一妻多夫，然後甚至是亂倫、人獸戀。因為，開放同性婚姻的重要理由之一，就是人們可以自由選擇自己所喜愛的人作為伴侶。這裡「選擇自己所喜愛的人」，從開放同性，接著就會開放到多重伴侶、近親，甚至從人到獸，到更多人難以接受的狀態。

但是，這樣的「推論」是對的嗎？稍稍類比一下，這就像是有些父母告誡子女，不可以晚上去跟男女朋友看電影。因為，去看電影後，一定會想吃點東西。然後，就會去散步，然後去夜遊，最後，就會徹夜不歸，不久後，就會傳出懷孕的消息。

對於上一段的推論，可能已經很多人意識到這種推論的問題。事實上，這類的推論被稱為「滑坡謬誤」（冀劍制，2016）。簡單的說，就是當事件 A 發生時，接著就開始推論事件 B、C、D……的發生，最後得出 Z 結果，產生荒謬的推論。這裡的推論就像溜下滑坡般，一旦開始，就一骨碌地認定接二連三的事件，都得接受。

然而，為何接受同性戀，就得接受一夫多妻、一妻多夫？同性戀仍奠基在平等的基礎上，後者則有可能造成社會中不平等問題更嚴重。社會體制的規範，譬如婚姻制度是否要接受多重伴侶，這是需要另外考量的，而不是可以像滑坡般地必然推論。[1]

事實上，我們日常生活中，就常常會有這種推論錯誤的發生，在學理上稱為謬誤（fallacy），也就是「似是而非的推論」。我們這門「語言邏輯與批判思考」，課程知識重點之一，就是在尋找謬

1　John Corvino（2012）教授製作非常清楚的影片介紹這個觀點，參見其影音頻道。

誤，避免推論上的錯誤。

二、淵源：修辭學的「以理服人」

　　光看課程名稱，可能一般讀者會以為這是哲學系課程。不過，我們這門課的淵源不同，也因此在課程的安排上，也有些獨特性。我們這門課是世新大學口語傳播暨社群媒體學系（簡稱口傳系）的課程。本系的專業學習，關注的是溝通與表達，也就是人與人之間的私下溝通以及在公開場合中的表達。口語溝通的淵源，最早可以追溯到西方古希臘的智術師（sophists，或譯為智者、智辯士），以及稍後的亞里斯多德（Aristotle）。

　　在西元前 4、5 世紀時，古希臘雅典是民主政體，當時的重要政治決策以及司法審判，大都是由公民大會的公民直接決議。因此，當時的演說家與政治家是同義，能夠在臺上發表精彩言論、說服群眾、反駁對手，獲得大多數在場公民的支持，就是最有權力的人。也因此，當時有能力以及有興趣參與政治事務者，就會想學習公開演說的能力。因為有這種需求，所以當時有一群人，被稱為智術師，專門以教授這種公開演說術，特別是公共說服的技藝：修辭學（rhetoric）為職業（Jarratt, 1991: xv）。

　　這就是修辭學的開端，也是本系口語傳播學上承繼的學術淵源。不過，智術師的修辭術在當時即被批評顛倒是非、說黑為白，只是諂媚手法，不是一套正當的技藝。哲人柏拉圖（Plato）的批評，迄今仍有很強的說服力。不過，他的弟子亞里斯多德也寫了一本《修辭學》（*The Art of Rhetoric*）的著作，重新界定修辭學，試圖定出一套有理有據的說服方式。

亞里斯多德有一個非常著名的分類方式，就是修辭術作為公開的說服方式，可以分為 3 大類：*logos*、*pathos*、*ethos*。一般翻譯為：說之以理、動之以情、服之以德。其中，說之以理，就是口傳系開設本課程的理由，也是本課程的定位。

換言之，哲學系的邏輯學可能偏重邏輯推理、正確思考；但是，口傳系的課程，最終的用意是為了「以理服人」，說服我們的聽眾或觀眾。因此，本課程不僅重視正確推理，而且還重視透過道理，來說服人。這裡的道理，就不會僅侷限在複雜與必然的演繹推理（由普遍到個別的推論模式），也能接受諸如類比法、歸納法等，一些雖然不是必然，但仍有一定道理可循的推論模式。事實上，這種差別也不是本課程刻意區分，早在亞里斯多德的《修辭學》中，就區分修辭與辯證法的差異，兩者雖然形式上相似，但是在僅有可能性 VS. 必然性，與是否使用省略論證上就有所不同。

三、語言邏輯與批判思考簡介

介紹了課程淵源，接下來說明本課程的主要內容。本課程主要分為 3 大部分：論證、謬誤與實作（邏輯性簡報）。本文礙於篇幅，將主要介紹論證部分，至於謬誤部分，雖然也會提到，若讀者真有興趣者，可以參閱《邏輯謬誤鑑識班》、《看穿假象、理智發聲，從問對問題開始》（*Asking the Right Questions: A Guide to Critical Thinking*，原譯為《問對問題，找答案》）以及《邏輯即戰力》（*How to Win Every Argument: The Use and Abuse of Logic*）3 本書有很清楚的介紹。

回到本文。本課程的學習目的是以理服人。可是要如何說理呢？本課程認為就是要建立正確的論證（argument）。什麼是論證？簡單的說，就是有理由的主張。換言之，光只是斷言（assertion）

是不可以的，也就是只有主張。舉例來說，我喜歡數學、我支持同性戀婚姻、死刑不應該廢除等等。這些主張，沒有提出理由，就沒有辦法支持這些主張；同時，人們也無從有理性討論的空間。

這裡有點類似邏輯定律中的「因果率」：事出必有因，有人稱為「充足理由率」（麥肯納利，2015：58-59）。認為任何事件的發生，總是會有前因後果的形式。因此，討論該事件時，若能找出前因後果，就可以理解此一事件的來龍去脈。

不過，支撐主張的理由有不同的類型，我們稱為推論模式，一共可以區分為 5 大推論模式：演繹法、歸納法、類比法、歸謬法、推斷法。稍後，我們會詳細說明幾項重要推論模式。

倘若，論證是正面建立；謬誤則是反面攻擊，這樣一正一反或一立一破，達到以理說服的目的。什麼是謬誤？扼要界定，就是似是而非的推論。我們在說服人時，除了避免自己犯下謬誤，同時也常常需要反駁別人錯誤的推論。

舉例來說，當有人說：我發現現在有許多人開始看報紙，因為昨天我在醫院等看病時，看到許多人在看報紙。這樣的主張僅僅從「昨天」、「我在醫院」這樣的特殊個案，就推導出一個較為普遍性的主張：有許多人開始看報紙。這就犯下了「以偏概全」的謬誤。我們可以用這樣的概念回應，質疑或者削弱對方的主張。

除了一立一破，論證與謬誤的介紹外，本課程還有實作的部分，就是希望結合前兩者，讓同學們透過邏輯性簡報的實際演練，提出主張，並輔以好的理由支持，然後達到說服聽眾或觀眾的目的。

以上扼要介紹本課程的 3 大部分後。本文主要就論證的部分，分為定義、推論模式這 2 個單元做介紹。

四、定義：框架效應

　　首先，在論證的部分。前面提到，論證是由主張與理由組合的。而主張、理由都是語句（sentence），而語句是由詞語（word）所組成。因此，論證的第一步驟，就是對於詞語要做出定義（definition）。有了明確的定義後，才不會使得討論失焦，或者讓人不知所云。

　　一般在談定義時，通常會區分為 2 大定義方式。一種是內涵，另一種是外延。內涵所指的是該事物的內在特質。譬如：圓是一中同長、人是無毛的兩腿動物。具體來說，內涵定義還可以包括同義解釋、操作性解釋、字源解釋等等。而外延定義，就是符合內在特質的事物。例如：偉人是具有超乎常人特質的人。這是內涵解釋。放到外延，就是譬如孔子、國父孫中山等等。通常就是舉例或用類比的方式來做說明（曾漢塘，2011：229-248）。外延解釋的好處就是明白易懂，比較容易讓人理解。

　　此外，若將定義問題，放回以理服人這個脈絡。一般在界定時，常常會運用框架（framing）的效果。框架效應來自於社會學、傳播學理論。簡單的說，就是運用特定角度來詮釋。而在定義時，我們也要注意這樣的問題。例如有人會說：這個兇手罪大惡極，你作為辯護律師，你還有良心嗎？乍聽之下，這似乎指責地理所當然。但是，仔細再想一下，辯護律師是為「兇手」還是「嫌疑犯」辯護？《刑法》的基本觀點：無罪推定。意即未經審判前，所有人應該被視為無罪，這是基本常識。因此，嫌疑犯是否也應有一定的司法程序保障，否則，眾人皆曰可殺，因此殺之，這常會造成冤獄的發生。

　　所以，框架是在定義時，就會影響立論發展。一般來說，建議在討論時，應盡可能選擇中性的詞彙，避免干擾對方的判斷。因為，一旦價值性詞彙太強，後續很難平心靜氣的討論。不過，當有人刻意運用框架來影響說服力時，你心裡就可以發出警示雷達，避免被他牽著走。

五、推論模式

　　做好定義後，接下來就是進入論證本身。我們提出主張後，會找理由來支撐。這裡先再提一個概念：論證金字塔。簡單的說，就是你的主張，必須要有層層相扣的理由來支撐，這樣才會有足夠的說服力。舉例而言：

　　主張：大學生應該打工。
　　理由：打工可以增加人脈。
　　說明：打工接觸到實際的工作場合中的同事、客戶。
　　解釋：學校裡的人脈多只是同學，不是實際商場人士。

　　以上，分做 4 個層次。最上層就是主張，接下來是理由、說明、解釋。其實就是一層層往上支撐上一層的主張。所以，也可以命名為：主張、理由、理由的理由、理由的理由的理由。為了避免冗長，所以刻意用說明、解釋來區分。但是，重點就是理由與理由之間，不斷地逐層積累，強化論證的力量。

　　以上是從階層的角度介紹。若是個別來看理由支持主張的類型，我們稱為推論模式，可以區分為演繹法、歸納法、類比法、歸謬法與推斷法。以下只就前 3 種模式做介紹，並且扼要舉例說明。

（一）演繹法

這是一種由普遍推論到個別的推論模式。

最常見的一種形式，就是三段論。譬如：凡殺人者應被處死刑。小明殺人，所以，小明應被處死刑。這種三段論，若再加上全部肯定、全部否定（譬如：凡殺人者皆不應處死）、部分肯定、部分否定。以及主詞、謂詞（描述主詞性質的詞，如凡人皆會死，這裡主詞是「人」，謂詞是「會死」）的調動，共可以有 256 種形式變化，而其中只有 19 種是正確的（德福林，2000：30-68）。

而這裡所謂正確的，更精確地說，應該是有效（valid）論證。當一個論證，若前提為真時，則結論必然為真。那麼這個論證，就被稱為有效論證。例如：凡人皆有翅膀，小明是人，所以，小明有翅膀。這就是一個有效論證。因為它的定義是「如果前提為真，則結論必然為真」。上述的論證，就符合這樣的條件。

對於從事邏輯推理工作的人，他們無法窮盡所有學科的實際內容是否為真假。他們只關注提供的論證模式是否正確，至於命題（語句表達的實質意義）真假與否，則不是主要關心的。倘若，一個有效論證，而命題又都是真的，那麼就稱為健全（sound）論證（逤德曼、卡哈內，2004：11-14）。

另一種常見的演繹法規則，是在處理條件命題（conditional proposition）。簡單的形式就是，若 P 則 Q（P→Q）。那麼 P 發生，則必然 Q。這就稱為 MP 規則（肯定前件）。另外，由前提：P→Q，還可以有 ～Q→～P 的規則，這是 MT 規則（否定後件）。這裡先扼要提到，有興趣的讀者鼓勵可以參閱冀建制（2016）的《邏輯謬誤鑑識班》，有很清楚的說明。

看到這裡讀者可能會困惑，這樣的規則有什麼意義呢？

我們來看一下，電視劇中常會看到一種推理情節。劇情是丈夫被謀殺了，有人懷疑是太太。有人會說：太太謀殺丈夫，則會先買高額保險。現在，我們查到太太買了高額保險，所以，兇手一定是太太。倘若「太太謀殺丈夫」被視為 P，「買高額保險」是 Q。由以上的形式 P → Q。推論是 Q → P。請注意，這裡與前面 MP、MT 規則都不同。這裡其實是一種稱為「肯定後件」的謬誤，並不是正確的推理。

所以，我們透過這些規則，其實主要是幫助我們在日常生活中理解話語時，可以有一種思考警報器，幫助我們避免犯錯。當然，邏輯學的發展越發複雜，學者可以做出像是數學程式的計算。但這裡，我們主要根據日常生活語言，希望能更實用一些。

（二）歸納法

歸納法是由個案累積，逐步推導出一個普遍性原則。例如：1 隻天鵝是白的，2 隻白的……1 千隻白的。所以，推導出天鵝是白的。我們平常也常會做這樣的推理。譬如學校附近的餐廳，1 家難吃，2 家難吃，3 家難吃……。我們就很容易推論出：「學校附近的餐廳都很難吃」這樣的結論。

不過，讀者也可能意會到，歸納法不會有「有效論證」，亦即前提為真，結論必然為真的情況。因為，前提（許多天鵝是白的）到結論（天鵝是白的）。其實，這裡有「推論的跳躍」。事實上，我們都知道，天鵝有黑的。因此，過往邏輯學教科書不太談歸納法，因為不可能出現清楚推論的有效論證。歸納法只有強、弱論證，有的推論比較強（已經找很多個案），有的比較弱（找太少數量），如此而已。

　　前面提到，我們不是哲學課，而是說服課。所以，對於口傳系課程來說，歸納法有問題，但卻是我們日常生活常見，也非常容易接受的推理模式，只是在使用時要小心，有例外的可能。因此，恰當的使用仍是深具說服力。尤其是歸納法，在當代其實就是統計學，甚至是大數據可以推估或掌握既有的資訊。

（三）類比法

　　簡單的說，就是對於 2 個事物相類似的部分進行類比：甲如此，與甲有相類似之處的乙亦可適用。譬如在法律上，特別是民法事件上，因為法條不可能窮盡所有事物。所以，對於相類似的案件就會接受類推適用原則。舉例來說，《民法》上對於一般住宿旅館訂有詳細的規範，可是並未對海上度假遊輪規範。但是，兩者因為性質相同，所以若後者產生爭議，就可以主張「類推適用」陸地上旅館的規範。

　　本文一開頭的同性婚姻爭議，其實也運用了類比法。光談同性婚姻推導到人獸戀，可能有些人還不覺得荒謬。可是，當用類比的方式彰顯，晚上去看電影，滑落到因此會懷孕生子之類，就是運用類比的方式，來突顯滑坡謬誤的問題。

　　當然，類比法的問題也很多，為何一事物如此，另一事物就應如此。有時故意錯誤類比，就可以導出不一樣的結論。譬如，夫妻離異後是否可以重修舊好，看是「破鏡重圓」還是「覆水難收」？這裡就是類比為「破鏡」還是「覆水」，就可以有不同的主張。

　　那麼為何還要用類比法？一個很直接的理由，就是比較容易讓聽眾或觀眾聽懂。尤其是在說服的時候，很多道理複雜又抽象，不容易做出判斷。但是，一旦用類比解釋，比較容易讓人明白。因此，許多演說高手都會運用類比法，讓人印象深刻。

六、結語：以理服人與溝通表達

　　以上對本課程做扼要的知識介紹。在謬誤與實作的邏輯性簡報部分，其實也有許多有趣的內容，希望日後有機會再分享。當然，也非常歡迎讀者來修課或旁聽，實際參與，應該會更有收穫。

　　最後，本書首章希望以《論語》的一段話作為結尾。《論語》中提到「古之學者為己，今之學者為人」。這裡的「為己」是褒義，不是強調自私自利，而是強調學習的目的、用意，為了完善自我，而不是為了迎合他人、為了爭取讚美（為人）。

　　應用一下本章的類比法：本文的以理服人，這裡的「人」不僅是別人，同時也是自己。世上最難說服的，就是自己。我們試著找出正確推論、糾出謬誤，首要就是為了說服自己，讓自己能依循著道理而行，這樣才能有理走遍天下，就能無入而不自得。與各位讀者共勉。

參考文獻

皮里（2012），《邏輯即戰力：75 個謬誤幻術，讓你說話有說服力、話術有免疫力、辯論有戰鬥力、談吐有魅力》。蔡依瑩譯。臺北：所以。

布朗、基里（2019），《看穿假象、理智發聲，從問對問題開始：【全球長銷 40 年】美國大學邏輯思辨聖經》。羅耀宗、蔡宏明、黃賓星譯。臺北：城邦商業周刊。

麥肯納利（2015），《邏輯力：邏輯思考的入門書》（修訂版）。包丹丰譯。臺北：久石。

迪德曼、卡哈內（2004），《邏輯與哲學》。莊文瑞譯。臺北：雙葉。

曾漢塘（2011），《邏輯入門》。臺北：時英。

德福林（2000），《笛卡兒，拜拜：揮別傳統邏輯，重新看待推理、語言與溝通》。李國偉、饒偉立譯。臺北：天下。

冀劍制（2016），《邏輯謬誤鑑識班：訓練偵錯神經的 24 堂邏輯課》（增修新版）。臺北：漫遊者。

Corvino, John (2012) *If Gay Marriage, Why Not Polygamy?* http://www.youtube. com / watch?v=Zk2XKwRW5u0.

Jarratt, Susan C. (1991) *Rereading the Sophists: Classical Rhetoric Refigured.* Carbondale: Southern Illinois University Press.

第二章

數位世代的臉書民主與法律規範

陳閔翔

國立臺北商業大學通識教育中心助理教授

「網路民主與公共論壇」曾獲教育部通識課程革新計畫暨教學創新先導計畫
（PBL 課程）補助，亦多次獲教育部公民核心能力課程計畫（ABC 類均有），
並曾獲績優課程獎勵，收錄於臺灣通識網開放式課程。作者為臺灣師範大學
政治學博士，於 105 學年度獲臺北商業大學「創新教學獎」。

一、從鍵盤參與到手機直播

2014 年，微軟專家博伊德（Danah Boyd）即預告「鍵盤參與的時代來臨了」！

2016 年是網路直播元年，社群平臺完成了從文字→圖片→語音→影音直播的進化（龔鉑洋，2017：3）。該年 4 月，臉書（facebook，簡稱 FB）新增直播應用程式，在人手 1 支智慧型手機推波助瀾下，我們進入全民媒體化的影音新時代——「我就是媒體／人人都是媒體」的自媒體（we media）時代——這種以帳號代表「人」的新媒體，呈現所謂公民媒體、社群媒體或獨立媒體的嶄新社會型態，意指每個人只要有數位載具（如手機），可無線上網或行動寬頻連線，便可隨時隨地化身為媒體，從事跟新聞記者訊息分享、主播報導或評論等相似的傳播行為。手機的演變，從行動通話到結合照相及簡訊功能，發展迄今的數位智慧幾乎無所不能，帶領人類邁向資通信的劃時代科技環境。可以這樣說，「傳播生態的變化不只是科技形式的翻新，更代表著社會文化的變遷」（洪貞玲，2015：8）。

新媒體盛行，產了 2 種使用網路的新身分：數位原民（digital native）與數位移民（digital immigrant）（Prensky, 2001）。數位原民指的是出生就有電腦網路產品環境的人，從小成長及生活中習慣用網路或手機來做任何事情。數位移民的生命則經歷呼叫器（俗稱 call 機）、傳統手機到智慧型手機，網路介面從電子布告欄系統（bulletin board system，簡稱 BBS）、即時通訊 MSN 到現在流行的 Line，被迫隨著行動載具及軟體的更新不斷要轉換和適應。

數位原民和移民雖可從年紀初步判斷，一般稱千禧年前後出生者為數位原民，其他人則多歸在數位移民，但兩者實際上並不以

歲數來區分,而是用網路熟悉度來判別。數位原民的概念突顯了數位移民是否願意及有能力使用網路,從報紙電視「移民」到網路平臺,這過程代表著媒介的轉化,也意味著如何使用網路成為基本素養與核心能力——理解到數位時代的即時性(快速)、超越時空疆界、匿名性、成本低、高度互動(雙向)、多元分眾與去中心化等種種特性。

各種自媒體及新媒介的盛行,影響了民主參與、政府運作、公民言說及行動方式,不僅造成傳播革命,藉由網路的普及性,喚醒許多人的公民意識,同時也造成民主革命。就此而言,網路參與從打字的「鍵盤」上線轉進到滑手機「直播」,更掀起人類視覺影像的行為革命。2020 年 8 月底,俗稱館長的知名網紅陳之漢,在凌晨被槍擊,倒地流血後竟透過助理開直播,現場畫面於線上同步傳送,引來世界各國相繼報導(張如嫻,2020)。同年 12 月,中天新聞臺轉戰 YouTube 影音頻道,訂閱數突破 200 萬,主播在直播中大跳螃蟹舞,且短短 5 天贊助金額超過百萬(蔡佩珈,2020)。直播變成實境秀是好是壞,頗值得深思;網路新聞臺是否能成功,也猶待觀察。但這些現象已顯示:直播不只是當下日常生活的影像分享習慣,更形成直播經濟、網紅經濟或粉絲經濟的新商業模式,包括拍賣、線上遊戲或聲量造勢等。

全球資訊網從 1990 年發展迄今屆滿 30 年了,隨著各國第五代行動通訊技術(即 5G)的陸續開通,未來技術勢必一瀉千里。「網路民主與公共論壇」這門通識課,就是在探討網路世代公民參與的各種新知、問題與現象,帶領共處於這樣變化快速的每個人,一起思索「當民主遇到網路」的新興議題(陳閔翔,2017a)。

本文介紹網路民主理論和文獻、發展和網路著作權等相關法律規範。對課程設計有興趣者,可參考《通往知識的祕徑 2:如何上

一堂通識課？》的專文（陳閔翔，2017b）與臺灣通識網（GET）開放式課程的影音（陳閔翔，2013）。要先說明的是，這門課的知識是跨領域的，涵蓋政治學、社會學、法律學、傳播學、新聞學、資訊學、甚至未來學等，且核心議題仍在發展中，隨著國內外時事與科技前進而更迭。例如，2020 年新冠肺炎的衝擊尚無法評估，但防疫期間的封城與超前部署成了熱門關鍵字，也讓網路生活產生許多質變。因此，本文目標除了提供知識與趨勢，更在於刺激讀者討論與思考。

二、臉書民主與審議民主的知識鏈結

過去 10 年，因著 FB 等各類社群網路平臺和通訊應用軟體或程式（APP）的技術成熟與發達，諸如 YouTube、Line、Dcard、Instagram（簡稱 IG）、推特（Twitter）或微博的普及，不論是電腦版或手機版，這股敲打鍵盤、滑手機來製造個人頁面或微型網誌的新文化，確實改變了每個人作為公民的政治參與及社會行動——或許我們可以 FB 做社群媒體的代表，統稱為「臉書民主」（facebook democracy）——FB 發明的按讚功能，幾乎成為輿論支持與否的溫度計。誠如《讚爭》（*LikeWar: The Weaponization of Social Media*）一書所言：

> 在網路戰中，最有效的工具是敘事、情緒、真實性、社群和壓倒性，而熟練這些工具的人將會成為最成功的資訊作戰員……社群媒體異常強大，但也很容易進入與塑造……你分享的內容，決定現在的你是誰。（辛格、布魯金，2019：47，410）

藉網路參與公共事務、進行社會動員或推翻政府，最著名的實例是發生在 2010 年至 2012 年間的阿拉伯之春。從突尼西亞革命開

始，青年人經由臉書或推特串聯，促使整個北非、中東的阿拉伯國家民主化，史稱茉莉花革命。而在臺灣，爆發於 2014 年春天的太陽花學運風潮，則是大學生透過手機、平板電腦的影音串流，進行網路動員罷佔國會議場，並將立法院內實況播送出去，形成龐大民意。這場佔領運動改變了之後的國內政黨政治及公民運動生態。

在民主選舉方面，有 3 個指標性人物，可供我們初步檢證或思索臉書民主優缺點並存的特徵。2014 年 11 月，臺大醫師柯文哲挾著太陽花學運後的公民覺醒，以素人之姿當選臺北市長，執政期間藉由社群媒體的操作，成為臺灣第一代政治網紅。2016 年 11 月，美國共和黨候選人川普（Donald Trump）在主流媒體都不看好情況下，取得較多的選舉人票，意外當選總統，開啟川普推特治國的神奇 4 年。2018 年 11 月，前北農總經理韓國瑜以 1 瓶礦泉水、1 碗滷肉飯等口號當選高雄市長，其旋風更挺進 2020 年的總統大選，在國內捲起一股韓國瑜現象。這 3 個首長選舉（當然也包括代議士選舉），印證網友即選民、粉絲變公民的趨勢。社群媒體的民主參與，拉近人民與政府之間的距離，也改變公民投入政治及社會行動的動機、方式與結果。

網路民主（cyber-democracy）新思潮，又可稱為電子民主（e-democracy）或數位民主（digital democracy），其不僅僅只是因應電子化治理的科技需求，同時也是本地學術界引進西方參與式民主——精確地說，是審議民主（deliberative democracy）理念，作為實踐公民結合網路可自主參與政治社會的新模式。無疑的，20 世紀末的民主審議轉向之驅動，德國哲學家哈伯馬斯（Jürgen Habermas）的溝通理性、公共領域（public sphere）及公民社會（civil society）等構築出的審議民主理念，是相當重要的理論資源。哈伯馬斯如是說：「民主過程的核心要素在於審議政治的程

序」（Habermas, 1996: 296）。審議民主透過理性、平等的公開溝通與制度化程序來尋求共識，擴大社會參與度，提昇民主的正當性。

質言之，網路構建出虛擬公共空間的公共領域，資訊自由流通，意見自主形成，人民可直接線上互動，並藉由平臺如公開的 FB 留言，半封閉式的 Line 群組，組織各種自發性的議題或公民團體，匯集民意、形成輿論，從而逐漸生成公民社會，被認為是資訊社會可實現古希臘直接民主之理想的可能模式。西方歐美學者，自九〇年代開始探討這類議題，並建立相關理論與實務分析。

若以網路民主為主軸解析，首先，在臉書尚未普及的 2000 年至 2010 年間，即有諸多部落格現象的前瞻觀察。《網路民主》（*Vote.Com*）就是早期關注網路政治與媒體如何影響民意走向、選舉模式及投票行為的經典作品（摩利思，2000）。美國憲法學者桑斯坦（Cass R. Sunstein）從資訊社會及言論自由出發，對政治言論市場及如何形成資訊烏托邦提出正反衝擊思考（桑斯坦，2002，2008）。這時期國內未有專門著作，因此學理探究多以翻譯書為主，如仿百年前德國社會學者韋伯（Max Weber）對基督教倫理與資本主義精神的《駭客倫理與資訊時代精神》（*The Hacker Ethic, and the Spirit of the Information Age*）（海莫能，2002）。具有寓言式的分析，是《紐約時報》作家比爾頓（Nick Bilton），針對臉書與蘋果手機的影響，指出未來應如何生活與工作，為這個新媒體時代拉開序言，書名饒富趣味地翻成《一位數位移民的告白》（比爾頓，2011）。

其次，自 2011 年之後，文獻就如雨後春筍般出現，迄今已汗牛充棟，茲舉重要的專書說明之。[1] 2013 年，國內首本《網路民

---

1 本文沒有窮盡所有文獻，書單部分選自作者校內教材專案的得獎作品《社群媒體時代的民主、資訊權與數位傳播》（陳閔翔，2019）。

主》（廖達琪等，2013）出版，這是中山大學 iVoter 投票諮詢網站建置團隊的研究集合，雖然偏向理論分析，但對網路政治深具啟發。同年，由 2 位資深網路使用者整理的《PTT 鄉民大百科》，介紹了臺灣網路語錄的專門用法，猶如維基百科式知識家的全觀描述（Ffaarr、Lon，2013）。同樣以 PTT（即批踢踢實業坊）這個網路族群的探討，是《婉君妳好嗎？給覺醒鄉民的 PTT 進化史》（黃厚銘編，2016），以豐富的歷史素材，對鄉民與酸民、網君與網軍、人肉搜索與網路輿論解說其與社會的交互作用，是相當有趣的一本書。

最後，約莫 2017 年至今，社群小編、假新聞、大數據、資訊戰等詞彙佔據整個網路民主的風頭。《社群媒體與口語傳播》（游梓翔、溫偉群編，2018）搜集了 20 篇研究，對兩岸網路發展的理論與實務個案，例如社群媒體的定位、身分認同、語藝書寫、性別歧視、直播影響、論壇討論與脫口秀等都有觸及。而臺灣假訊息猖獗，時常位居世界上詐騙及假新聞事件榜首，可參考《假新聞：來源、樣態與因應策略》（汪志堅、陳才，2019）的最新討論。2020年，有 2 本代表性書籍：集結眾多學者的研究《網路崛起的社會運動對臺灣的影響》（廖達琪編，2020），填補了自太陽花學運以降長期缺少在地的網路社運、民主參與實證分析。該書認為網路崛起的社運，對國會及社區型的民主參與及審議均有助益，但對政治人物及工會等影響較不明顯。而《政府數位轉型：一本必讀的入門書》，由 33 位數位治理學者及實務界合作，25 章超過 20 萬字的篇幅，成為瞭解數位政府發展的新重鎮（陳敦源等編，2020）。

上述出版現況，說明了網路民主的理論進展，有著厚實的知識支撐。在我們看來，「網路民主—審議民主—公共領域」實為環環相扣的知識鏈，其強調了公共論壇行為者的言說與互動關係。我們可以在各式各樣的網路論壇、FB 社團、Line 群組、Dcard 討論版、

IG 的留言串、BBS 言論廣場，看到古典民主重視意見交流與議題討論的公民廣場再現。甚者，在立場決定是非、情緒重於事實，民粹當道、假訊息摧毀政治信任之際，審議民主更被許多社會科學家證明為撥亂反正、解決當前全球民主退潮的一劑良方（陳俊宏，2019：xix）。

職是，審議理論下的生活世界擴大理解，將帶領我們認識到：民主不再只是選舉或投票如此簡單而已，民主不能侷限於政黨活動或行政立法司法等權力互動關係。而是在民主治理及參與過程，更重視公民能否理性溝通，進行政策的知情討論，以及溝通程序的制度化。審議民主以對話為中心，並不是想要取代投票為中心的現代民主制，毋寧說是它目標是在補強代議政治的不足與缺失，讓民主的公共精神真正落實。

三、網路言論、資訊權與法律規範

我們總把網路當作虛擬世界，如同《魔獸世界》或《集合啦！動物森友會》遊戲，玩家若是到了某部落，會真的以為自己到了某地，但實際上他還是坐在電腦前。或者島主建立自己的城堡，眾人升起營火享受音樂晚會，但真實生活關掉手機四下無人。近年虛擬實境（virtual reality，縮寫 VR）及擴增實境（augmented reality，縮寫 AR）的技術成熟，使得網路的虛擬性更加強固，也顯得更理所當然。但是，真的是這樣嗎？我們如何看到雲端與現實之間的落差？

網路一開始發展基於虛擬空間的無限性，原本就處於無政府狀態，但由於匿名卻衍生出許多問題，例如早期 FB 崛起時的開心農場，常發生偷菜事件而上新聞，FB 偷菜算偷竊嗎？註冊帳號強制用真實姓名的實名制，符合網路的開放原則嗎？這些爭議分屬法律、

民主、社會等如何適用網路規範的思辨,使得科技法律或資訊法律這類新興法律必須加緊跟上腳步,來規範網路各種言語和行為。當法律逐漸追上數位社會,網路行為除了自律、道德勸說外,仍有他律、秩序規範可以控制或依循。換言之,網路上的留言罵人,仍屬於公然污辱或誹謗的犯罪。網路非化外之地。

網路上的活動,主要是文字留言、照片梗圖、影音創作或分享,這些大抵都屬資訊權(right to information)範疇,而資訊是一種公共財。原則上從言論自由的角度,都受《憲法》保障。但資訊權屬新興的基本人權,我國《憲法》本文沒有明確提及,一般法例乃援用第 22 條概括條款來容納新的權利保障。網路相關的法律爭議,就時下年輕人最常見的當屬誹謗、公然侮辱、侵犯隱私或妨礙祕密等觸法行為。我們必須認知到,網路上的行為與線下的行為都是一樣的,只是大家使用網路的文化,給予較多的包容,但不表示無法可管。

那麼,線上與線下的法律規範有何差別呢?網路上的法律與真實世界最大的差異,在於規範的有效性。最經典的實例是 FB 被刪文、帳號停權或被盜,是否與真實世界中個人權益受損一樣?寶可夢玩家的點數或金幣被偷,如何告侵權?在直播平臺上交易卻棄單,會構成背信嗎?在法院實務上,這些虛擬貨幣或點數的侵權爭議,還是要看它在群體中的價值,以及雙方的證據力。有越來越多的法官主張,只要有流通性與價值性,侵權的法律要件就可以成立,並且透過追查帳號位置亦可找到真實被告,故網路法律知識是社群媒體重要的素養。限於篇幅,以下介紹資訊自由權、隱私權與控制權,誹謗與惡搞文化,著作權與合理使用等 3 主題。

（一）資訊隱私權與控制權

　　網路資訊權目前有兩派說法：一為資訊自由學派，一為資訊私有財派。前者主張資訊自由權，即資訊是一種公共財，廣泛流傳才具有公共利益，其強調免費、自由與分享等概念，因此主張「合理使用」作為法律基礎，主要的支持者有自由軟體、開放原始碼運動等，例如線上維基百科協作模式，教育部推廣的「創用 CC」國際通用規則均是。後者主張資訊財產權，認為資訊技術的設計與發明應用，應該是有限制的，因為好的商業資訊模式是企業研發，屬於個人及公司利益，若干具競爭性專利或技術應付費才能使用，免費不應變成網路資訊使用常規，才有企業或人才願意持續投入研發，這類代表者為以壟斷文書處理軟體的微軟公司。這 2 種觀點並無誰對誰錯的問題，甚至某個程度上是互補的。

　　資訊隱私權（information privacy）是從隱私權來的，其包含資訊控制權。隱私權是尊嚴、個人主體性及人格自由發展的基礎，因此民主社會保障個人生活私密領域免於他人侵擾，維護個人資料的自主控制。例如網路帳號、密碼、資訊、圖文、照片、甚至指紋與人臉辨識等皆是。我國關於資訊隱私暨控制權的定義是 2005 年的釋字第 603 號解釋，其清楚提到：「就個人自主控制個人資料之資訊隱私權而言，乃保障人民決定是否揭露其個人資料、及在何種範圍內、於何時、以何種方式、向何人揭露之決定權，並保障人民對其個人資料之使用有知悉與控制權及資料記載錯誤之更正權……指紋乃重要之個人資訊，個人對其指紋資訊之自主控制，受資訊隱私權之保障」。越私密的個人訊息，如身分證字號，個人越有控制權，《個人資料保護法》即是規範個人資料的蒐集、處理及合理利用的法律。

（二）誹謗與惡搞文化

網路言論的誹謗，是最常見的法律爭議。什麼是誹謗？法律上，誹謗意指故意刊布會傷害名譽的虛偽記事。這句簡單定義，列出了誹謗罪成立要件：(1) 動機是故意。(2) 公開刊布或張貼。(3) 內容涉及名譽或人格抵損，且非出於事實或真實。按《刑法》誹謗處 2 年以下有期徒刑，拘役或 1 千元以下罰金。網路行為大多以文字進行，由於文字留言與圖照片言說都屬於有組織的行為，近來更流行迷因梗圖，直播罵人或影片上傳也都是經組織規劃，故實務上網路行為都符合加重誹謗的要件，因此不可不謹慎啊。

誹謗的對象可能是個人或公眾事物。因此，民主社會以保障言論自由與新聞自由為前提，對事實陳述真實且與公共利益相關者，不罰。這是《憲法》與《刑法》為促進媒體多元自由、保障公共發言的基本精神。也就是說，我們對誹謗之事，只要能證明其為真實者，就可不罰。至於誰有負舉證責任呢？實務上，行為人如記者須自行證明其言論確屬真實，始能免於刑責。根據《刑法》第 311 條之 3 項，誹謗免責是指對可受公評之事而為適當之評論者，不罰。

FB 或 Line 大量出現反諷或反串的圖文影音，導致一個更嚴重且較難判斷的創作與抄襲爭議，此即 Kuso 文化（惡搞文化）。無論組圖或影片，這種網路文化，目的是想對嚴肅主題解構，以便建構喜劇或諷刺效果。學術上稱為「戲謔仿作／諷作或改作」（parody or satire），亦即創作者利用他人著作並融入自身創意來嘲諷原著作，或者諷刺原著之外的社會事件等創作行為。對民主來說，我們保護自由創作，但創作涉及抄襲或引用不當，即侵犯著作權。惡搞文化是網路相當特別的次文化，發展至今已成為網路的主流文化，這幾年甚至有二次創作的爭議。對此，基於言論自由與剛剛提到的嘲諷

評論之公共目的，大部分 Kuso 的誹謗罪是不會成立的，但是二次創作的音樂或畫面未取得授權或肖像權，這部分的侵權是會成立的，在進行相關網路創作或引用時，仍要有著作權觀念。

（三）著作權與合理使用

著作權核心在智慧財產權與著作權保護。我國係採創作完成主義，意思是只要創作完成即自動受到保護。《著作權法》第三章，規範著作人及著作權，其中著作權分著作人格權與著作財產權。簡言之，著作人格權是沒有限期的，永遠受到法律保障。例如唐詩〈月下獨酌〉的「舉杯邀明月，對影成三人」，人格權永遠屬李白。著作財產權的保障時效則是終身加上 50 年，李白已去世 1 千多年，故現在每個人都可自由引用該詩句，不用再索取授權。

認識《著作權法》對網路使用有很大的幫助。現行法為 2019 年 5 月修正版本，共 8 章 117 條。由於著作引用及網路行為多樣無法窮盡，故著作權有所謂的「合理使用」概念，即改作的合理使用。合理使用他人著作之範圍，原則上僅限批評、評論、新聞報導、教學（含課堂使用的重製物）、學術或研究等 6 種目的。

要符合合理使用精神，學理上與實務上有 4 種判準：(1) 目的與性質。(2) 原著性質。(3) 質量。(4) 市場價值或商業影響。舉例來說，教學上的簡報是非營利、教育目的，所以引用他人著作都無侵權問題；而印原文書當作參考講義，抽印 10 頁給全班閱讀屬合理使用，但複印 50 頁以上，數量不合理，也間接導致學生不買書，從而對書本的銷售產生影響，因此侵權。要之，合理使用是基於常識的判斷，也會視動機、目的與影響來權衡。

（四）小結：歐盟 GDPR 趨勢

因應資通信科技的趨勢，並基於保護個人資料的初衷，歐盟的《一般資料保護規定》（*General Data Protection Regulation*，簡稱GDPR）於 2018 年 5 月正式上路，不僅對 Google 與 FB 這類網路大型企業蒐集使用者敏感性個資產生一定約束，也對我國《個人資料保護法》將來修法有所指引。GDPR 基本精神是數位資料的主權在於個體公民，故歐盟公民享有向網路公司要求刪除個資的權利。對此趨勢有興趣讀者，請見《新時代之個人資料保護法制》（張陳弘、莊植寧，2019）。

四、第五權、假新聞與網軍霸凌

《憲法》下的行政權職司治理執行，立法權掌管法律制訂，司法權做規範爭議判斷。三權分立互相制衡，為現代國家民主治理的制度基礎。然西方經驗告訴我們，體制內的人會有腐化及權力濫用傾向，因此民主還要有廣大的公民社會，包括各種公民團體、媒體及輿論等外部力量。故一般把新聞記者或媒體權視為獨立運作的第四階級或第四權（the fourth estate），目的在社會監督與公共批判。

然而傳統媒體的傳播較為單向，主導權在媒體擁有者或經營者身上，公民是被動的閱聽者。自從網路新媒體出現後，由於網路的即時性、自主性與互動性，訊息的產製發生了極大的變化，每個社群媒體的使用者都可以是傳播者，就此，學理上逐漸有了這樣的共識：網路可視為第五權（the fifth right），其特徵是更直接、更具有批判能動性。第五權的界定，把社群媒體的主導權拉回到每個網路使用者上，實現了媒體近用權（the right of access to the media）的理念：人人都有平等接近和使用媒體的權利。身為數位公民的你我，必須擁有媒體素養來善用這樣的權利。

我們可以思考一下假新聞的舊詞新義。假新聞（fake news）跟錯新聞（phony news）不同。錯新聞指的是報導錯誤，即新聞有部分是真的也有部分錯誤。例如新聞內容描述福島核災（此真實無誤），但死亡或受輻射污染人數有錯。在新聞的定義中，錯新聞仍是新聞，但會影響媒體的公信力。進而，我們可透過區分假訊息來理解假新聞。在網路平臺，每個人很容易用 Line 轉發圖片或訊息連結，這些由非記者或媒體所傳播的訊息都不叫新聞，而只是資訊或訊息。例如，2018 年 12 月我國縣市長競選時的日本關西機場風災導致外交官不幸事件，一開始是網路假訊息轉傳，經過有心人移花接木與大量曝光後，受到媒體關注，經正式新聞產製，成為誤導閱聽人的假新聞。據此可知，假新聞源自惡意動機，目的是製造聳動標題、假造故事來吸引點閱及分享傳播，藉以影響社會心理恐慌，最後獲取政治或經濟利益。

在這則假訊息變成假新聞的經典案例，帶風向、網軍霸凌與同溫層效應（echo chamber）是鑲嵌在事件內環環相扣的因素。分述之：(1) 帶風向是指網路上具有影響力的名人或意見領袖，主動製造話題形成輿論，是種帶特定目的的議題設定與公共傳播行為。(2) 網軍這個網路代稱，是指在網路有組織發表對己方有利言論，刻意營造聲量的一群帳號，可分為主動型與被動型。主動型網軍就是有組織的小編，付費從事發言按讚或相關指定行為。被動型網軍則是陌生人、但對議題有興趣的網友或粉絲。網軍特性包括具創造內容能力（找資料、做圖表）、隨時黏網大量發言（即時性）、懂得社群營造及分享（目標傳播）。網軍霸凌因此可理解成特定陣營指派上網製造言論或張貼大量文章，達到洗版等霸凌程度。(3) 帶風向與扭曲動員的網軍霸凌，加上網路後臺的演算法設計，使用者總是看到與自己想法相似的言論，這些因素共同產生假民意支持的偏見或

謬誤結果，因而信了該訊息或新聞，這即是挪用氣象學觀念的網路同溫層效應。

假新聞與網軍霸凌對民主的影響，綜合成社群媒體的操作與資訊戰，政治學一般咸信這是一種新民粹主義（new populism）。事實上，網路熱戰自冷戰後就一直存在，如《資訊戰爭》（*The Perfect Weapon*）提到的：我們從過去 10 年學得的教訓是除非發生槍戰，否則很難判斷我們究竟是身處和平或戰爭時期……我們生活在一個數位衝突頻仍的灰色地帶，雖然這不是美好的前景，但卻是我們為自己創造的世界（桑格，2019：417）。清楚認知與判斷訊息產製背後因素與意識形態，是數位媒體素養的核心能力。

五、結語：邁向後真相，追尋真事實

我們生活在既真實又虛幻的網路世界！

日常生活充斥著各種媒介，人際溝通不再只是面對面，數位媒介成為公共生活的重要場域。在這樣的數位時代，人類存在著 2 種相對的弔詭現象。其一是個人化，在網路頁面或手機介面呈現個體性，無論是 FB 粉專或 IG 限時動態，使用者努力展現自我、表達個人意志，其資訊接收、拒絕都在自己，並且自訂規則及隱私權限。這種強調個人自主選擇的網路主體特徵，可說是一種「量身訂做的世界」。其二是群體化，意指社群媒體的使用，集合了相同興趣的一群人，這種匯流不限於政治上的，而是生活的、工作的、議題式的、以及各種組合關係或類型團體，這種同溫層群組，讓我們有了虛擬社群的連結及共時感，可謂是「線上的想像共同體」。

網路個人化與群體化是共生並存的。我常舉這樣的笑話：如果你創設 IG 帳號，但沒有任何粉絲或朋友追蹤，每天自己貼文、發

限動，開直播也沒有人觀看或按讚，不出一個月你就不玩了，因為它缺少了群體化，少了社群網路最重要的連結與分享等樂趣。未來的數位公民，仍是活生生、有喜怒哀樂的人，因此，除了要有科技工具使用能力外，我們應該思考更深一層的科技與人文關係、科技與社會的互動。在冰冷的機器、程式與光彩目眩的資訊媒體中，如何保留一絲美感、一些品味、一點人文主義！

網路讓我們對未來有著無限的想像空間。但是，網路真的幫助我們更民主、更自由、更拉近人際距離嗎？網路民主只是曇花一現，還是人類未來的桃花源？或許，還未到定論的時候，但「真理／真實／事實」（truth）重要嗎？本章認為，真理非常重要，事實更需要詮釋，但網路碎片化導致真實全貌不易顯見。面對真假交織、事件謊言交疊的後真相時代（post-truth age）（麥當納，2018），你準備好要如何面對了嗎？

參考文獻

比爾頓（2011），《一位數位移民的告白：Facebook、iPad、iPhone如何翻轉我們的世界》。王惟芬、黃柏恒、楊雅婷譯。臺北：行人文化實驗室。

司法院「大法官網站：釋字第603號解釋」。網址：http://cons.judicial.gov.tw/jcc/zh-tw/jep03/show?expno=603。

汪志堅、陳才（2019），《假新聞：來源、樣態與因應策略》。新北市：前程。

辛格、布魯金（2019），《讚爭：「按讚」已成為武器，中國、俄羅斯、川普、恐怖組織、帶風向者、內容農場，如何操縱社群媒體，甚至……不知不覺統治了你》。林淑鈴譯。臺北：任性。

洪貞玲編（2015），《我是公民也是媒體：太陽花與新媒體實踐》。臺北：網路與書。

海莫能（2002），《駭客倫理與資訊時代精神》。劉瓊云譯。臺北：大塊。

桑格（2019），《資訊戰爭：入侵政府網站、竊取國家機密、假造新聞影響選局，網路已成為繼原子彈發明後最危險的完美武器》。但漢敏譯。臺北：貓頭鷹。

桑斯坦（2002），《網路會顛覆民主嗎？》。黃維明譯。臺北：新新聞。

桑斯坦（2008），《信息烏托邦：眾人如何生產知識》。畢競悅譯。北京：法律出版社。

陳俊宏編（2019），《素養教室：學習審議民主》。臺北：新學林。

陳敦源等編（2020），《政府數位轉型：一本必讀的入門書》。臺北：五南。

陳閔翔（2013），臺灣通識網「網路民主與公共論壇」開放式課程。網址：http://get.aca.ntu.edu.tw/getcdb/handle/getcdb/310791。

陳閔翔（2017a），〈當民主遇到網路：「網路民主與公共論壇」通識課程理念與實踐〉。《通識在線》。第69期。頁67-71。

陳閔翔（2017b），〈翻滾吧！民主——「網路民主與公共論壇」課程設計與教學實踐〉。《通往知識的祕徑2：如何上一堂通識課？》。臺北：通識在線雜誌社。頁229-247。

陳閱翔（2019），《社群媒體時代的民主、資訊權與數位傳播》。臺北商業大學 108 年度補助及獎勵教師辦理產學合作共創教材計畫獲獎作品。未出版。

麥當納（2018），《後真相時代：當真相被操弄、利用，我們該如何看？如何 聽？如何思考？》。林麗雪、葉織茵譯。臺北：三采。

張如嫻（2020），〈館長遭槍擊開直播登微博熱搜，中、港、法、星媒相繼報 導〉。《新頭殼》。網址：http://newtalk.tw/news/view/2020-08-28/457340。

張陳弘、莊植寧（2019），《新時代之個人資料保護法制：歐盟 GDPR 與臺灣個 人資料保護法的比較說明》。臺北：新學林。

博依德（2015），《鍵盤參與時代來了！微軟首席研究員大調查，年輕人如何用 網路建構新世界》。陳重亨譯。臺北：時報。

游梓翔、溫偉群編（2018），《社群媒體與口語傳播》。臺北：五南。

黃厚銘編（2016），《婉君妳好嗎？給覺醒鄉民的 PTT 進化史》。臺北：群學。

蔡佩珈（2020），〈中天 YouTube 頻道 5 天吸金百萬，四叉貓：下周穩占全臺抖 內冠軍〉。《風傳媒》。網址：http://www.storm.mg/article/3300387。

廖達琪等（2013），《網路民主：臺灣 iVoter 投票諮詢網站建置紀實》。臺北： 五南。

廖達琪編（2020），《網路崛起的社會運動對臺灣的影響》。高雄：中山大學出 版社。

摩利思（2000），《網路民主》。張志偉譯。臺北：商周。

龔鉑洋（2017），《直播行銷的場景革命》。臺北：風格。

Ffaarr、Lon（2013），《PTT 鄉民大百科》。臺北：時報。

Habermas, Jürgen (1996) *Between Facts and Norms: Contributions to a Discourse Theory of Law and Democracy*. William Rehg (translated). Cambridge: The MIT Press.

Prensky, Marc (2001) "Digital Natives, Digital Immigrants Part 1" *On the Horizon.* 9(5): 1-6.

第三章

人與環境：
永續生態發展的真實回歸

賴伯琦

大葉大學生物資源學系暨通識教育中心合聘助理教授

「人與環境」曾獲教育部公民核心能力課程計畫，收錄於臺灣通識網開放式課程。作者為英國伯明瀚大學生物科學研究院博士，多次獲教育部優質通識課程計畫及公民核心能力課群計畫，並獲績優指導團隊獎勵及大葉大學「特優通識教師獎」，近年參與全國私立學校產業工會政策研究與論述。

> 到目前為止，所有倫理規範都依賴一個前提：個人屬於群體，群體中的成員則相互依存。個人受本能的驅使，為在群體中取得一席之地而參與競爭，但個人的倫理規範則促使他與其他成員合作（或許這樣才能獲得競爭的舞臺）。土地的倫理規範擴展了群體的範圍，納入了土壤、水和動植物，這些東西可以統稱為土地。
>
> ——李奧帕德《沙郡年紀》

一、人與環境的真實聯繫：地景生態與土地倫理

地景生態學是一門探討不同類型生態系統所組成的、具有重複格局的異質性地理單元，主要反映氣候、地理、生物、經濟、社會和文化綜合特徵的地景複合體，經由多尺度和等級結構的特徵，有助於多學科、多途徑研究，為強調空間格局、生態學過程與尺度之間相互作用的科學。人類的文明發展，伴隨而來的是對自然環境的改變，也造成自然景觀的劇烈變動，反映在地景生態學的研究上。

從地景生態學的發展與研究成果看來，「土地」是人類面對環境議題最重要的對象。由於土地為人類生活所需而被利用，在生態的演替發展下，人類社群使用土地的態度與方法形成自然環境的變遷，而數千年來環境變遷正是造就世界各地人類文明成果的重要關鍵。

人類因為文明而幸福，然而，人類的文明也因為自然環境的改變而發生不幸。2011 年 3 月 11 日，發生於日本東北部外海的地震引發海嘯，所造成的災難，截至目前為止，依然怵目驚心。而這樣的災難，不免令人想起近 10 年最受關注的全球環境議題——全球氣候異常——這個不願面對的真相，因為人類的工業發展，造成大量的二氧化碳（以下簡稱 CO_2）排放，自 1850 年以來，近百年全球

氣溫上升約攝氏 0.74 度。據估計，這百年間的海平面已上升 17 公分，如果氣溫持續增高，氣候持續異常，人類將因為自然生態的變動而面臨空前的災難、甚至滅亡的危機。因此，隨著科學對自然生態現象的說明方式與內涵日益增多，人類應該保持何種心態去認識自然生態、進而關心自然生態、瞭解自然生態，如何將自然生態知識轉化為人生命內在的價值與意義？成為人與環境互動的真實課題。

　　回歸生命內在平靜而言，人們對待土地、環境、自然生態的態度，正是人與人相處態度的投射，因此，回歸內心的價值與意義，才能夠以平靜且祥和的心態面對外在的生活世界。

二、人與環境的虛擬關係

　　漫長的生命演化長河，人類成就光輝的文明。自從工業革命之後，石油的發現與利用，現代生活中幾乎大半的居家用品都是石化產品，與「行」有關者如輪胎、鞋襪；關於「衣」者如雨衣、排汗衫；又「食」者有吸管、免洗碗；以及「樂」者如音響、DVD 與各式玩具，凡此種種皆為日常所不可或缺，是人類所必需，而這些生活所需，在生活層面的意義上，並非直接由土地得來。人類的生活在科技進步的發展之下，生活在都市的人們已經不再有「土地為生活所必需」的直接感受：農業技術的改良，使得食物可以不必然種植於土壤中，例如：水耕蔬菜。因為人口爆炸、都會區的快速發展，居住的需求，居住正義已經比土地倫理更顯重要。由於土地的過度使用與土壤品質的惡化，因人類生存的必需，健康維持的必要，經由建築技術的發展與改良，農場大廈（將農作物種植於大型的透光建築中）似乎成為未來人類社群發展的願景。凡此種種，土地之於人類的重要性仍然存在嗎？人與環境的關係仍然是倫理學探討的議題嗎？

　　但是，隨著文明的發展，人類對能源的需求日增，核能所轉換之無污染能源提供人類面對自然有限資源的解決方案，卻始料

未及，核能的潛在危險與廢料輻射的處理，成為當代兩難的環境議題，正如石化工業所產生的 CO_2 卻導致全球氣候異常的溫室效應，若不積極面對，在可預見未來，必是人類生存極大的災難，彷若日本 311 地震所帶來的海嘯般，海平面的上升將淹沒目前大多數重要人口集中的大都市。2016 年政府提出 2025 年非核家園的能源政策，不僅是「臺灣碳排放量增加或減少」的國際議題，也是「能源政策轉型」與「生態環境保育」發生衝突的在地議題：減少燃煤電廠、增加燃氣電廠而引發 2017 年桃園大潭天然氣接收站規劃受阻，只因開發地點為國內生態與環境學者共同認定的「國際級」罕有且重要的藻礁生態系，以及被國家認定是瀕危一級保育類石珊瑚的「柴山多杯孔珊瑚」的唯二棲地，而再度引發「生態環保」與「民生經濟」的論辯，不僅是社運團體振臂抗爭，也引發生態學者間學術見解歧異的論戰。

在變幻萬千的自然生態現象中，人類的生命意義與價值何在？

人類的文明發展至今，由工業革命、電子數位革命與生物科技產業革命，各種資源耗竭與環境污染問題伴隨而生，雖然帶動人類經濟活動的發展，卻也陸續成為影響人類社群延續的重大議題。如今，日趨嚴重的氣候變遷已經成為全人類不得不積極面對的問題，自然環境品質長期嚴重劣化，促使國際社會與世界各國竭盡所能思索解決之道。人類因為科技而發展，也希望透過科技的進步解決人類本身製造的環境問題，然而，似乎是徒勞無功。

三、人與環境的真實關係再回歸：從人類演化到環境永續

事實上，人類的行為是受到知識與態度共同決定，如果希望改變人類破壞環境的行動，就必須讓人類回歸大地重新思考，改變人

類對於環境的思考方式，也就是環境教育所強調「以價值為導向」的核心理念。若要促進人類社會的永續發展，則必須透過環境教育，由知識的傳遞、態度的培養與行動的養成等，設法改變人們對於這個世界的看法與日常行動，尋得人類與自然和諧共存的永續發展。環境倫理的內容雖然主要是以哲學思辨為主，但是，其思辨的對象是人與生活環境、自然萬物，強調之人與生活環境、自然萬物的依存關係：面對生活上資源永續的哲理內化歷程。因此，「人與環境」課程試圖透過人類的存在價值與生態倫理的理論，整合為資源永續觀點之理念，提供學生內省與反思，將生命中必須面對的諸多哲理議題相連結，並從中凝聚生命的價值，由生活中落實「環境永續」之於社會公民的基本陶養！

生物科學是研究萬物生存的科學，環境永續則是內化生命的環境教育，目前生物科學對人類的演化研究，對人類的生命存在的「哲學」、「倫理」、「作為」都產生莫大的衝擊，例如：生物學對於人類演化歷史的研究指出當前靈長類的演化關係中，人與黑猩猩、巴諾布猿（後 2 種過去都稱為黑猩猩）是相當接近的，甚至黑猩猩與巴諾布猿的分化現象，還是在人類出現後才發生的，意味著人類與 2 種黑猩猩在生物演化關係上是同一個分類親緣關係。[1] 面對人類生命存在的價值與意義，自然生態的認識與理念，將成為環境永續的重要內容。

因此，「人與環境」這門課程之目標，試圖透過 (1) 人類文明的

1　如果人類與 2 種黑猩猩在親緣關係上是同一個親緣系統，意味著 2 種黑猩猩應該與人類在生物分類上是非常接近的，那麼，為什麼我們將黑猩猩視為與人類「很」不同的生物，如其他非人的生物一般，而人不可以使用人類作為醫學研究的對象，但是，過去卻可以對黑猩猩進行醫學實驗（目前由於靈長類的保育學者呼籲，國際上普遍禁止），而現在則仍然使用白老鼠。這樣的動物福利問題是否會因為生物科學研究的成果而產生觀念上的改變呢？此類問題與思考可參照（戴蒙，2014：30）。

進程是演化的成果,當前的社會狀態建立於個人的生命歷程與生活經驗(人與生活),進而 (2) 聚合地區內的公民的生活理念形成社會價值與素養(臺灣社會),以及 (3) 地區間的合作與衝突造就國際間的互動關係(全球關懷),進而 (4) 探討整體人類對地球所產生的衝擊則成為人與生物圈的共同演化(人與生物圈)。透過由「個人」經驗衍伸至「國際」競合的進程,探討人類的未來是否能永續存在。如圖 3-1。

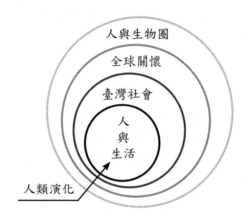

圖3-1　課程架構圖

　　然而,回到環境倫理的內在意涵,則大致可分為「人本中心」與「自然中心」2 大觀點。這 2 種觀點分別為人類面對自然世界的2 種心態:人為優先的環境倫理與自然優先的環境倫理。「人為優先的環境倫理」觀點是容易被接受而形成對大自然的觀念態度,這樣的觀念態度經常與經濟開發的論點相結合,也就是人內心最深處的欲望;而「自然優先的環境倫理」則是被認為極端的生態主義,也就是所謂「人是地球的癌細胞」,成為激進環境保護經常有的中心思想。然而,自然中心也可以形成人內在的觀念態度,使得人的本位主義淡化,這樣觀念態度的轉變,會強化自然中心的理念,而

逐漸與人本中心的內在欲望達到均衡；相反的，生活態度的溝通，深切地瞭解人的生活需求與自然環境的關聯性，也將不會過分強調自然中心的理念，而能夠關照到「人」與「自然」依存均衡後的需求，而回歸生活，重建適當的觀念態度。如此，週而復始，終將形成與中國傳統智慧「太極」相仿的哲學觀點（如圖3-2），而成為生活的內在與外在調和的永續精神。

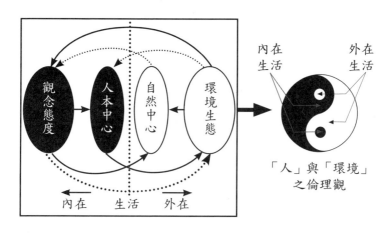

圖3-2　人與環境哲學觀

四、從理念到課程知識

　　《環境教育法》於 2010 年 6 月 5 日公告並於 1 年後實施，其第一條明文規定「為推動環境教育，促進國民瞭解個人及社會與環境的相互依存關係，增進全民環境倫理與責任，進而維護環境生態平衡、尊重生命、促進社會正義，培養環境公民與環境學習社群，以達到永續發展，特制定本法」。並於第三條定義「環境教育：指運用教育方法，培育國民瞭解與環境之倫理關係，增進國民保護環境之知識、技能、態度及價值觀，促使國民重視環境，採取行動，

以達永續發展之公民教育過程」。經由《環境教育法》的頒布,可以預期「建立人與環境之永續關係」相關之環境教育將是臺灣未來學校教育、政府教育與社會教育的重要主軸。

人與環境的關係是以人的主體性、在地性與完整性探討人類與環境、生態間多重且繁複的關聯性,部分內容需要具備抽象推理能力與專業學科基礎。因此,為能提高學生的學習興趣與思考環境之永續性,課程內容以學生日常生活可以接觸之相關資訊與生活經驗為題材,選取「人類存在價值與環境意識」、「生活型態反思與環境意識」、「社會發展衝突與環境意識」、「國際利益互動與環境意識」與「生物圈未來的環境意識」作為介紹人類演化相關知識的議題,並搭配生態倫理的思考方向,可整合為 5 個面向:(1) 人類演化與永續。(2) 生活反思與永續。(3) 社會議題與永續。(4) 臺灣發展與永續與 (5) 地球關懷與永續等,其相互關聯。5 大單元所建立之「人類演化—環境永續」間之表裡意義,立基於人類演化(科學)、環境關懷(民主)、生態倫理(倫理)、環境事件(媒體)與內省反思(美學)的公民素養所規劃,其課程的主要內涵乃是——也是 5 大素養所環繞的主角——人。其關聯性如圖 3-3,亦可參考臺灣通識網「人與環境」(賴伯琦,2016)。

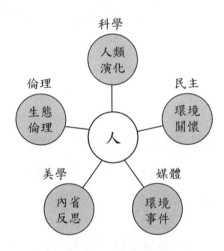

圖3-3 公民素養對照目標

（一）「人類存在價值與環境意識」與「人類演化與永續」

　　人類的獨特演化歷史，造就人類強大的改造自然環境之能力，然而，因為人類對環境的衝擊，使得環境的永續成為當代人類存續的重要議題。21 世紀人類學家與演化生物學家於探索人類的演化過程中發現，人類的祖先與其他靈長類的祖先是近親關係，因此，人類的道德行為與靈長類的互助利他行為是否具有演化的意義，這樣的論述使得人類的道德行為，彷彿不再令人感到必然且高尚。然而，當真如此嗎？人類的存在意義是什麼？人類的大腦極為複雜，語言系統極為發達，所造就的文化內涵極為豐富，這樣的人類，在演化過程中，與其他生物所產生的區別，應該如何反思從生物世界的演化歷史，人類應該如何面對自然環境的永續發展。

1. **文本選讀**：〈第一章，三種黑猩猩〉。選自《第三種猩猩：人類的身世與未來》（*The Third Chimpanzee: The Evolution and Future of the Human Animal*）。

2. **討論議題一**：人與自然生物的關係

   (1) 猴子是人類的祖先，你對這句話的觀點為何？

   (2) 人類是萬物之靈，你對這句話的觀點為何？

   (3) 從人類對寵物的飼養態度，你同意人類可以決定其他生物的存活嗎？

3. **推薦電影**：《人類消失後：重生的地球》（*Aftermath: Population Zero*）。

　　因生物演化而產生的人類，如果成為地球環境的殺手，而造成地球生物重大的浩劫，那麼人類存在的價值究竟是什麼？由這個觀點，搭配影片《人類消失後：重生的地球》探討人類存在的意義與

地球永續之關聯性。

《人類消失後：重生的地球》是一部探討如果人類消失，世界是否將因此而回歸自然呢？還是人類文明持續影響世界的環境呢？製作團隊運用電腦影像（computer-generated imagery，簡稱 CGI）技術，描繪出人類消失之後的世界中，所有偉大的工程奇蹟因為自動或系統失靈而發生意外，災害此起彼落；曾經被人類飼養的牲畜與農作物，不再受人類圈養而回歸自然，並在一連串的人類設施引發的災難後，自然演變為適應災難後的野生動植物；人類的建築物受到植物與環境的物理、化學等影響力量而逐步瓦解，大自然回復野性的樣貌。

4. **討論議題二：**

   (1) 影片中，你喜歡現在的地球？還是未來的地球？為什麼？

   (2) 因為，所有的生物都是以永續存在為生物演化的最終目的，因此，人類的永續存在比地球環境永續更重要。你同意嗎？

   (3) 如果，因為人類的消失，地球可以永續發展，你會同意人類應該滅亡？

（二）「生活型態反思與環境意識」與「生活反思與永續」

人類對自然環境的衝擊源自人類的生活態度，而人類的生活態度又來自文明科技的發展，因為科技的發展，人類塑造自我的生活條件，不論落後國家或是已開發國家，人類社群都朝著「生活的幸福」改造自然環境。因此，生活的幸福必須永續才有意義，那麼，人類未來的生活是否與環境永續息息相關呢？藉由這樣的關聯性，從個人生活的反思探討人類生態現象之存在意義。

「從生態學的角度看，倫理規範是對生存競爭中的行動自由加以限制；從哲學的角度看，倫理規範是對社會行為和反社會行為進行區分」（李奧帕德，2015：253-254）。美國生態學家李奧帕德（Aldo Leopold）曾經提倡大地倫理：一個行為如果保障生物群聚的完整、穩定與美的話，就是對的，反即是錯的。這是生命相互依存的意義與價值，也是生命相互支持的美感與和諧。

1. **文本選讀**：〈第四部，荒野之歌〉。選自《沙郡年紀：像山一樣思考，荒野詩人寫給我們的自然之歌》（*A Sand County Almanac and Other Writings*）。

2. **討論議題一**：人與自然倫理關係的反思

   (1) 人所生存的環境經常存在天災，你是否同意人與自然的關係是競爭的？為什麼？

   (2) 人的食物必須來自自然，因此，你是否同意人與環境的關係是相互依存的？為什麼？

   (3) 從上述 2 個問題，請整理你對人與自然間的關係。

3. **社會議題**：土地與人的關係

   新聞案例：2010 年 6 月 9 日，在苗栗縣竹南鎮大埔地區發生大埔毀田事件，苗栗縣該區域接近收成的稻田，因土地徵收而遭怪手破壞。事件報導可參照〈大埔農地受難記〉（陳佳珣，2010）。

4. **討論議題二**：

   (1) 你對於苗栗縣發生的怪手毀農田事件的看法如何？

   (2) 對於現代生活中，如果沒有電、沒有 3C 產品以及各項便利食品，你願意回到「沒有電、沒有影音享受、自己耕種食物」的狀態嗎？

(3) 如果，你不願意回到「沒有電、沒有影音享受、自己耕種
食物」的狀態，那麼基於發展現代科技的目的下，苗栗縣
大埔事件的怪手毀農田是否應該被接受？如果，你願意回
到「沒有電、沒有影音享受、自己耕種食物」的狀態，那
麼現代科技對你的意義又是什麼？

（三）「社會發展衝突與環境意識」與「社會議題與永續」

　　人類是群居的動物、是政治的動物、是社會性的動物，因此，
社會的發展不僅是人類所建構，也深深影響每個人類面對環境的態
度。然而，在不同社會階層與文化背景的社會公民，其與社會發展
共存實是無可避免的衝突，正足以反應社會的環境意識，而社會發
展所形成的環境意識，也是在社會中推動環境永續理念成敗的重要
關鍵。

　　在人類的社會中，自然與社會間的關係，所謂的獨立與依賴都
是用來解釋社會中各種事件的方式，例如：疾病、災難等。因此，
文化與自然的存在是否處於各自且可區分的領域中，是環境在人類
社會的架構下，是否可以永續的重要內涵。因此，如何經由人類社
會歷史中的事件與演變，是足以探討「人類社會與環境永續」相關
議題最佳的途徑。

1. **文本選讀**：〈第三章，自然與社會的共同創造〉。選自《自然
   地理學：社會、環境與生態》（*Geographies of Nature: Societies,
   Environmens, Ecologies*）。

2. **討論議題一**：社會中的人思考自然

   (1) 你認為，作為某某大學的學生，請你舉出一個最重要的、
   必須改進的環境問題？為什麼？

(2) 如果你是大學的校長，你對於你所提出的環境問題，有何改進的方案？

(3) 你認為臺灣目前最嚴重的環境問題是什麼？誰應該提供解決方案？為什麼？

3. **社會議題**：國光石化的經濟開發與白海豚的生存權？

　　新聞案例：國光石化公司在 2005 年提出大型石油化學工業投資開發案，2008 年因為原預定地雲林縣離島工業區環評未過，轉往彰化縣大城鄉沿海地區設廠。彰化縣大城鄉沿海地區乃臺灣生態系之重要濕地，也是眾多候鳥的中繼站，鄰近海域則是白海豚（俗稱媽祖魚）的重要棲地。2010 年針對環境影響評估會議後，國光石化設廠將危及白海豚的生存，而爆發白海豚轉彎的新聞事件。相關新聞請參照〈國光石化開發，中華白海豚生死一線間〉（朱淑娟，2010）。

4. **討論議題二**：

(1) 在當代生活中，人類社會對於工業產品的依賴度日益增加，因此，對於自然環境的開發日益擴大：從陸地到海洋，無處不在。但是，人類未開發的場域都是不同生物的棲地，也是各種潛在生活資源的所在。因此，當下需求的滿足與未來資源的保留該如何衡量？

(2) 你認為現在的人類社會重視經濟發展？還是環境永續？

(3) 人類社會重視經濟發展，是因為經濟發展造就人類生活的經濟依靠，如果，發展經濟將使得環境無法永續發展，你會願意放棄經濟發展？還是忽視環境永續？

（四）「國際利益互動與環境意識」與「臺灣發展與永續」

當人類經濟行為進入全球化及後全球化時代，人類社群對自然環境的衝擊已經由區域性轉變為國際性的層面。因此，每個國家的發展不免受到全球國際政治行為的影響，例如：全球氣候變遷、低碳貿易等議題，都是國際間經由組織化的協議而造成全球人類社群間各種社會行為轉變的重要模式，臺灣處於這樣的國際變動，應該如何以在地的觀點思考全球的永續？

目前國際重要的環境議題是全球氣候變遷，又稱為溫室效應，而全球關注的經濟發展議題則是能源政策，因為能源政策是產業發展的基礎，而能源的取得則有各種方式：火力發電（燃燒石油或煤）、核能發電、風力發電、太陽能發電等等。其中，火力發電是最經濟實惠的方式，卻也是溫室效應的肇因之一，因此，能源是世界各國經濟角力的主題：《京都議定書》（*Kyoto Protocol*）、國際碳交易、低碳貿易等等。臺灣應該如何面對全球化經濟的轉變與國家能源政策的擬定，是公民參與重要的議題。[2]

1. **文本選讀**：〈第八章，環境企業：商業的倫理規範〉。選自《環境倫理學：對自然界的義務與自然界的價值》（*Environmental Ethics: Values in and Duties to the Natural World*）。

2. **討論議題一**：國家的能源政策

    (1) 你支持使用太陽能作為臺灣主要的能源替代方案嗎？為什麼？

    (2) 你支持核能作為臺灣主要的能源政策嗎？你認為核能安全嗎？

---

2 《京都議定書》全稱為《聯合國氣候變化綱要公約的京都議定書》（*Kyoto Protocol to the United Nations Framework Convention on Climate Change*）。

(3) 如果使用核能作為人類主要的能源形式，但是核廢料卻會
成為未來子孫無法處理的環境災難（儲存核廢料的地方因
為輻射過量而不適合人類居住），你仍會同意現在大量使用
核能發電嗎？

3. **社會議題**：溫室效應與碳交易

　　新聞案例：1997 年 12 月在日本京都府京都市的國立京都國際
會館通過《京都議定書》，條約規範附件一國家必須在 2008 年至
2012 年間將該國溫室氣體排放量降至 1990 年水準平均再減 5.2%，
但是，在 2009 年哥本哈根氣候會議（即聯合國氣候變化綱要公約
第 15 屆締約國大會，簡稱 COP15）時，希望 2010 年訂出新的氣候
條約的協議失敗，直到 2015 年 11 月聯合國氣候變化綱要公約第 21
屆締約國大會（COP21）的巴黎氣候變遷會議才獲得新的進展。新
聞請參照〈巴黎氣候會議：後《京都議定書》的時代轉捩點〉（藍
之青，2015）。

4. **討論議題二**：國際社會對環境永續的協議？

(1) 請你簡述何謂《京都議定書》。

(2) 因應溫室效應的惡化現象，你願意配合「多走路、多搭公
車、減少冷氣使用」的低碳行為嗎？為什麼？

(3) 因為溫室效應的惡化，氣候逐年異常，面對高溫的夏天，
如果電力短缺，你有什麼替代冷氣的方法？

(4) 如果使用核能發電，可以減緩氣候變遷的現象，讓我們免
於環境巨災的浩劫，但是，使用核能卻極可能造成你的後
代面臨輻射的災難，那麼，你會同意使用核能嗎？

（五）「生物圈未來的環境意識」與「地球關懷與永續」

　　生活在地球上的人類，如何看待自然萬物，如何與地球、萬物相處，這是現代世界公民必須面對的永續課題，也唯有體認生態倫理、實踐生態理念，人類的生命才能由個人的獨立性進而發展成天人合一的完整性，也是人類呈現自身存在價值的自然與美！

　　挪威哲學家奈斯（Arne Naess）提倡深層生態學：人類與其他生物具有同等價值，物種間生存競爭是正常且自然的，但由於人類的科技使用不當，經常導致生態破壞而危及其他生物的生存權。儘管如此，當代人類社會對於物質生活的強烈欲求、以及相信未來科技可以為生態浩劫帶來解決方案的想法，仍廣泛存在社會運作中，因此，人類如何面對目前的生態環境變遷？人類對物質文明發展的強烈需求是否為一種迷思？自然生態「均衡」是否真實存在？自然中心主義能夠作為人類面對自然的倫理準則嗎？還是真的人定勝天？如果以人類中心主義作為生活的中心思想，似乎讓人類面對環境變遷時陷入兩難的境地？

　　帶領學生思考：注重自身人類的生命關懷外，也能將生命關懷延伸至與人類共存共榮的自然界。而此議題必是未來生命教育的重要議題，因為，這也是人類永續的關鍵議題。

1. **文本選讀**：〈第八章，創造環境美的倫理學——生態倫理學〉。選自《環境美學》。

2. **討論議題一**：生態倫理中「人」的反思

    (1) 面對人類對物質文明發展的迷思、自然生態是否存在均衡的疑慮以及自然中心主義可能的困境，你認為人類應該如何與自然生態達成和諧共存、互利共容的狀態？

    (2) 如果你認為人定勝天是一種迷思，而存活與繁殖是生物在

自然界演化過程中最重要的結果，因此，人類中心主義才是人類面對自然時最基本的倫理態度，那麼，你將如何回應「人類應該與自然生態達成和諧共存、互利共容的狀態」？

不論是自然界的一個物種，或是人類社會追求幸福生活的福祉，人類的生活都與自然生態環境密不可分：食物的資源來自於自然，新鮮的空氣來自於自然，乾淨的水或土地一樣來自於自然，不僅如此，回到自然環境的生活抒壓與心靈解放，更是現代生活不可或缺的一部分。由這個觀點，搭配影片《盧貝松之搶救地球》（*Home*）的內容，回歸生命的自然存在美學，並進一步反思 2011 年發生於日本福島第一核電廠事故對大自然與現代化生活的影響。

《盧貝松之搶救地球》不僅拍攝大自然的壯闊、自然生態的奧妙、生態系統的價值，也經由空拍畫面進行人類社會發展與自然野性環境強烈的對比，佐以史詩般的音樂，不禁讓人內省現代化生活的價值與意義。

3. **社會議題**：核能，要不要？

　　新聞案例：2011 年發生日本福島第一核電廠事故時，8 月 23 日法新社（2011）報導福島核災禁區可能持續數 10 年。

4. **討論議題二**：

(1) 你對於影片中所拍攝的自然景觀，有何感受？

(2) 你對影片中人類對自然環境的使用情形，有何感受？

(3) 看到福島核災的處理過程，你認為目前「試圖以科技成果滿足人類社會欲求」的發展方式，會將人類帶向幸福？還是毀滅？為什麼？

參考文獻

朱淑娟（2010），〈國光石化開發，中華白海豚生死一線間〉。《環境資訊中心》。網址：http://e-info.org.tw/node/56338。

辛科利夫（2009），《自然地理學：社會、環境與生態》。盧姿麟譯。臺北：韋伯。

李奧帕德（2015），《沙郡年紀：像山一樣思考，荒野詩人寫給我們的自然之歌》。李靜瀅譯。臺北：果力。頁255。

法新社（2011），〈福島核災禁區可能持續數10年〉。《環境資訊中心》。網址：http://e-info.org.tw/node/69625。

周鴻、劉韻涵（1993），《環境美學》。臺北：地景。

陳佳珣（2010），〈大埔農地受難記〉。《環境資訊中心》。網址：http://e-info.org.tw/node/57278。

楊亞祖貝特杭（2009），《盧貝松之搶救地球》（DVD）。臺北：中藝國際影視。

賴伯琦（2016），臺灣通識網「人與環境」開放式課程。網址：http://get.aca.ntu.edu.tw/getcdb/handle/getcdb/395279。

戴蒙（2014），《第三種猩猩：人類的身世與未來》（問世20週年紀念版）。王道還譯。臺北：時報。

藍之青（2015），〈巴黎氣候會議：後《京都議定書》的時代轉捩點〉。《聯合新聞網》。網址：http://global.udn.com/global_vision/story/8663/1332141。

羅爾斯頓三世（1996），《環境倫理學：對自然界的義務與自然界的價值》。王瑞香譯。臺北：國立編譯館。

彌爾頓（2008），《人類消失後：重生的地球》（DVD）。臺北：昇龍數位科技。

延伸閱讀

易中天（2010），《藝術人類學》。臺北：馥林。

林俊全（2004），《臺灣的天然災害》。臺北：遠足。

威爾森（2002），《生物圈的未來》。楊玉齡譯。臺北：天下。

萊斯利、羅斯（2015），《筆記大自然》（第 2 版）。羅幸惠譯。臺北：鄉宇。

張靜茹（2004），《臺灣自然映像：築夢荒野》。臺北：光華書報。

費南德茲—阿梅斯托（2008），《我們人類：人類追尋自我價值及定位的歷史》。賴盈滿譯。臺北：左岸。

廖東坤（2002），《我的福爾摩沙》。臺北：人人。

第二編
東西古今對話

第四章

希臘羅馬神話的歷史探源

簡士捷

國立臺北商業大學通識教育中心教授兼主任

「希臘羅馬神話」曾獲教育部通識課程革新計畫暨教學創新先導計畫補助，並曾獲教育部優質通識課程績優計畫、公民核心能力課程計畫及績優獎勵，有全英語教學影音收錄於臺灣通識網開放式課程。作者為英國劍橋大學外語教育博士，於 107 學年度獲臺北商業大學「教學優良獎」。

一、前言

希臘羅馬神話源遠流長，在大學通識教育中教授希臘羅馬神話，有助於提昇學生對不同文化的瞭解與文學作品的賞析能力，而通識教育作為一種博雅教育與為了培養學生現代公民核心能力，本課程設計為全英語教學課程，透過一系列的主題式作品，如包括創世錄、諸神篇、英雄篇、史詩篇與神話世家篇等閱讀主題，闡述諸神創世紀和早期的英雄、愛情和冒險故事、特洛伊戰爭（Trojan War）前及戰爭階段中的英雄、神話家族與次要的小神話。加上相關希臘羅馬神話影片播放、小組團體口頭報告、小組課堂主題討論、網路平臺討論與學生反思等，培養學生賞析與感受文學作品之美的公民核心能力。

本文茲就希臘羅馬神話的起源、希臘羅馬神話歷史的演進、現代以希臘羅馬神話為主題的作品做簡介，最後以學生反思日誌指引舉隅併於文末做總結。另外，本文主要為知識背景描述，若對課程設計有興趣，可參考作者在《通往知識的祕境：通識課程理念與教學實務》之專書文章〈「希臘羅馬神話」課程設計〉（簡士捷，2016：3-23）與臺灣通識網開放式課程「希臘羅馬神話」錄影（簡士捷，2014）。

二、希臘羅馬神話的起源

希臘羅馬神話即口頭或文字上一切有關古希臘羅馬人的神、英雄、自然和宇宙歷史的神話。現代的學者更傾向於研究神話，因為其反映了古希臘羅馬的宗教信仰和政治制度、文明發展以及這些神話產生的本質原因，神學家甚至認為古希臘羅馬人創造這些神話是為了解釋說明他們所遇到所有的事件（Encyclopaedia, 1952）。希臘羅馬神話的來源多是從文學上以及考古學上西元前 9 世紀的幾何藝

術時期作品上獲得證明，茲從此 2 面向探討：

（一）文學

　　神話開始於口耳相傳，今日所知的希臘羅馬神話或傳說大多來源於古希臘羅馬文學。已知最早的古希臘羅馬文學作品有荷馬（Homer）的敘事史詩《伊利亞德》（*Iliad*）和《奧德賽》（*Odyssey*），著重描寫了和特洛伊戰爭相關的重大事件。基本上和荷馬是同時期的赫西俄德（Hesiod）2 部詩歌《神譜》（*Theogony*）和《工作與時日》（*Works and Days*）包含了當時的學者對世界起源、神權統治和人類時代的延續以及人間生老病死和祭祀活動之起源的看法和認識。首先，《神譜》中記錄了關於世界的形成、眾神、泰坦和巨人起源的早期希臘神話以及其詳細的族譜、民間傳說、人類疾病史的神話；其次，《工作與時日》則系統地記錄了當時農業生產的知識，展現了平靜而優美的農村生活情境。其中包括了對普羅米修斯、潘朵拉以及 5 個時代的描寫，這些詩篇給予了在那個危險時期最好生活方式的建議和全貌。除了《荷馬史詩》（*Homeric Epic*）之外，還可以從《史詩集成》（*Epic Cycle*）、希臘化時期的史詩作品以及羅馬帝國時期的作品發現希臘羅馬神話的痕跡。[1]

　　另外，神話也是古希臘雅典戲劇重要的部分。希臘悲劇之父艾斯奇勒斯（Aeschylus）、最偉大的悲劇家蘇弗克里茲（Sophocles）與開拓悲劇新頁尤里匹蒂斯（Euripides），他們大多數悲劇都是以神話時代的英雄和特洛伊戰爭為主要場景。許多著名的悲劇故事，如阿伽門農和他的兒女、伊底帕斯王、安蒂岡尼和美狄亞，都被當作悲劇的場景。喜劇家亞里斯多芬（Aristophanes）也將神話作為其作

1　本文主要參考自《大英線上百科全書》（*Encyclopaedia Britannica Online*）「希臘神話」（Greek Mythology）條目。

品《利西翠妲》(*Lysistrata*)的場景(Miles, 1999)。

(二)考古學

希臘羅馬神話涵及大量口傳與文字書寫故事,其中很多都藉由希臘羅馬藝術品來表現,比如古希臘羅馬的陶器繪畫和浮雕藝術。這些口傳與文字書寫故事意在解釋世界的起源和說明眾神和英雄們的生活、冒險以及對當時世界的特殊看法。19 世紀德國考古學家施里曼(Heinrich Schliemann)發現的邁錫尼文明(mycenaean civilization)對荷馬本人存在真實性的疑問提供了解釋,也為很多關於眾神和英雄神話方面的細節提供了考古學上的佐證。

現今希臘羅馬神話可從很多藝術品上關於眾神和英雄故事的飾品得到考古學證明,如西元前 8 世紀陶器上的幾何圖案,清楚地記錄特洛伊戰爭的場景和海克力士(Hercules)的冒險,在隨後的希臘化與羅馬時期,得到了許多文學上的證據證明神話場景不斷出現。依此,希臘羅馬神話對西方乃至世界文化、藝術、文學和語言有顯著而深遠的影響,從希臘羅馬時期至現今,詩人和藝術家很多都從希臘羅馬神話中取得靈感,並為其賦予現代意義。

三、希臘羅馬神話歷史的演進

希臘羅馬神話在不同的時代因文化演化而不斷變化,早期巴爾幹半島的人民是信仰泛靈論的農業人口,他們相信自然的現象皆具有與其對應的靈魂。之後,這些無具體形象的靈魂被擬人化,逐漸形成地方神話中的眾神。當北方的部落入侵巴爾幹半島時,他們同時帶來了他們代表征服、力量與英勇的神,其他世界的神被這些更具有力量的神所征服,成為其下級神或者被取代。史詩的成就在於創造了整個故事情節同時發展了新的神話編年史,因此希臘羅馬神

話實際上呈現了世界和人類發展的過程。依赫西俄德《神譜》，其歷史的演進可區分為 3 個時代（Miles, 1999）：

1. 眾神時代：宇宙、眾神和人類的起源神話。

2. 眾神和人類相互交流時代：眾神、半神和人類早期互動的故事。

3. 英雄時代：阿爾戈英雄遠征、特洛伊戰爭和奧德賽以及之後的故事。

另外，在《工作與時日》中赫西俄德將人類世紀區分為 5 個部分：黃金、白銀、青銅、英雄和黑鐵（Miles, 1999）。這些時代根據眾神的產物來劃分：黃金時代屬於克洛諾斯的統治時期，下一個時代則來自宙斯的統治；赫西俄德將英雄時代安插在青銅時代之後；最後的黑鐵時代即是詩人自身生活的時代，他認為這是這個時代是最黑暗的，因為潘朵拉帶來的惡魔們橫行於世，而希望卻被關在盒子中。現今最為人接受的版本為赫西俄德在《神譜》中的描述（Brazouski and Klatt, 1994），本文茲以《神譜》為例：

（一）眾神時代

「創世神話」意在描繪人類的宇宙觀念和解釋世界的起源。世界始於混沌，然後空虛中產生了蓋婭（Gaia）（即大地）和其他的主要原始神，之後蓋婭自身分裂出了烏拉諾斯（Uranus）（天空），烏拉諾斯也成為她的丈夫，生下了第一代的泰坦（Titan）。克羅諾斯（Cronus）出生之後，蓋婭和烏拉諾斯再也無生育任何泰坦，此後誕生的是 3 名獨眼巨人（Cyclops）和 3 名百臂巨人；克羅諾斯為蓋婭的後代中最狡猾也是最可怕，他閹割了其父親，成為了眾神的領袖，他的配偶是他的姐妹瑞亞（Rhea）。

　　父子之間權力爭奪的主題再次出現，這次克羅諾斯被他的兒子宙斯（Zeus）推翻。由於克羅諾斯背叛了自己的父親，所以克羅諾斯一直對自己的子女心存恐懼，擔心自己也將會得到相同的結果，因此每當瑞亞生產時，他都會將自己的孩子吃掉，瑞亞痛恨如此情況，於是用石頭代替宙斯放進搖籃讓克羅諾斯吃掉。當宙斯成人後，瑞亞給克羅諾斯吃了一種草藥，讓他將吃下的所有兒女全都吐了出來，宙斯於是向克羅諾斯挑戰，最後在獨眼巨人的幫助下奪取了眾神領袖的位子。

　　在瓦解泰坦統治後，新的眾神系統得以確立。在眾神中最重要的統治階層是奧林匹斯十二主神（Twelve Olympians），他們生活在奧林匹斯山，受到宙斯的直接統治。奧林匹斯十二主神之外，希臘人還崇拜大量存在於民間的眾神，比如愛神邱比特（Cupid）、自然女神寧芙（Nymph）與青春之神喜碧（Hebe）。為了讚美這些諸神，詩人們創作了荷馬讚歌（Homeric Hymn）。

　　在大量描寫希臘羅馬神話的神話故事和傳奇中，眾神的外表和希臘羅馬人無異，其具有肉體，此是依希臘羅馬擬人化的角色刻畫，希臘羅馬的眾神以人類的形態出現，而非抽象化、純理想化的概念。除去他們優越的外形外，古希臘羅馬的眾神還具有大量的神奇力量；其中最明顯的是，他們不會為疾病所困，僅會在非常特殊的情況下受傷。希臘羅馬人認為他們的神最傑出的特徵是不朽，這不朽的概念意指眾神通過花蜜和仙饌密酒所獲得的永遠生命。

　　每一位神祇都有自己的族譜，按不同興趣，大多掌握一種特有才能並有著鮮明的個性；但由於他們是由不同時期與文化背景的人共同刻畫的，因此在現代人看來，有的時候這些神身上充滿了矛盾，當希臘羅馬人提到這些神的時候，他們常使用的是這些神的本名和渾名的組合，以特指這個神的某個特徵或外觀，如灰眼雅典娜（Grey-eyed Athena）。

大多數的神都具有特殊的主要涵義，如艾佛洛狄特（Aphrodite）是愛與美的女神，阿瑞斯（Ares）是男的戰神，黑帝斯（Hades）是冥界之神，而雅典娜是智慧和女的戰神，赫斯提亞（Hestia）是爐灶之神，赫利俄斯（Helios）則是太陽神，大致他們具有一種個性，有1至2種能力。但有一些神，則具有複雜的人格並有多重的能力，如阿波羅（Apollo），祂同時是音樂、醫療、預言、神諭與真理之神，狄奧尼索斯（Dionysus）則是酒神與戲劇之神。另外，值得注意的是希臘神廟在不同的地區，對其主神有不同的信仰，很多城市也各自以最著名的神作為守護神，並為這個神依據城市的文化發展描繪針對城市的神話。到了英雄時代，對神的信仰中也加進了對英雄（或半神）的信仰。

（二）眾神和人類相互交流時代

眾神時代和英雄時代之間有一個眾神與人類互相交流的過渡時代。在這個時代中，神與人相互交流之後更加自由。大多數的故事來自奧維德（Ovid）的《變形記》（*Metamorphoseon*），大致有2個主題，包括愛與懲罰（Miles, 1999）。

愛的故事情節常為一位貴族的女子被一位男性的神誘姦，他們彼此發生關係，所生下的後代常是後期偉大英雄的來源，如宙斯與席美麗的故事、宙斯與歐羅巴的故事。這些故事常常意味神與人之間的關係應被禁止，因最後常有著悲慘的結局。而以懲罰為主題的情節部分則透過借用或虛構重要的文化產物來敘述，如普羅米修斯從宙斯那邊偷取火種。

（三）英雄時代

早期的神話偏重於眾神時代與眾神和人類相互交流時代的研究，其後時期則偏向英雄時代，此時大量的人類英雄湧現，他們在

宇宙形成後確立了人類成就的紀錄，英雄崇拜成為希臘人生活重要的一部分，大量的史詩合集以著名的英雄或圍繞這些英雄的家族所發生的大事件為主題，並且有著主題的延續。比如，在荷馬的影響下，英雄的史詩《伊利亞德》和《奧德賽》矮化了神的絕對權利，我們可以從連續幾代中找到一些家族的命運。另一個英雄信仰不同於眾神信仰的地方是，對英雄的信仰更具有地域性的差異。

在英雄時代中，海克力士的不朽事蹟被認為是其開端與最偉大的英雄。海克力士是宙斯的私生子、柏修斯（Perseus）的曾外孫，在文學上，他如史詩般的完成了 12 項偉績，其一系列的冒險故事，為通俗的傳奇提供了素材；在藝術上，海克力士被刻畫為一個力大無窮且十分強壯的男性，他最常使用的武器為弓箭與木棍。陶器繪畫顯示了海克力士受歡迎的程度，他與涅墨亞巨獅著名的戰鬥被描畫了數百次。其他最早的幾代英雄，如柏修斯、希修斯（Theseus）和柏勒洛豐（Bellerophon）都具有和海克力士相似的特徵，柏修斯獨立完成了幾近於童話的功績，殺死像梅杜莎這樣的怪物；柏勒洛豐的冒險故事殺死喀邁拉之獅頭、羊身與蛇尾的混合怪獸；希修斯為了拯救雅典殺死了米諾陶人身牛頭的吃人怪物。另外，英雄死後成為星座，也是早期英雄傳統比較常見的主題，如海克力士是武仙座，柏修斯成為英仙座。

英雄時代包括了 2 大重要的軍事事件：阿爾戈英雄遠征和特洛伊戰爭（Kelsey, 1889），茲簡介如下：

1. 阿爾戈英雄遠征

阿波羅尼奧斯（Apollonius）的《阿爾戈船英雄紀》（*Argonauts*）記載阿爾戈英雄們前往科爾基斯（位於現今土耳其）尋找金羊毛的航程，雖然阿波羅尼奧斯直到西元前 3 世紀才完成了此作品，但其故事的撰寫要比《奧德賽》早。故事的男主角傑森（Jason）又被譽

為歐洲的第一位英雄人物，他受命於國王珀利阿斯（Pelias），大部分的參與者，包括希臘最偉大的英雄海克力士在內，都是下一代的英雄人物，他們和傑森一起搭乘阿爾戈號，展開冒險航程去尋找金羊毛。在古希臘時代，傑森冒險尋找金羊毛被認為是以希臘對黑海地區的貿易和殖民行為為事實根據的，希臘 3 大悲劇家之一尤里匹蒂斯的作品《美狄亞》即在描述傑森與美狄亞的地方傳奇性文學故事。這一代著名的英雄還包括希修斯，為了拯救雅典人民，出發去克里特斬除米諾陶；柏修斯，為國家人民殺死梅杜莎；以及亞特蘭大（Atalanta），偉大的女英雄人物。

2. 特洛伊戰爭

　　在荷馬的作品中，關於特洛伊戰爭的故事得到了定型和奠基，荷馬史詩包括了《伊利亞德》和《奧德賽》這 2 部史詩鉅作，是最早而且對西方文明影響最深的偉大創作，描述的是 4 千年前特洛伊戰爭作為背景，廣流於社會的神話傳說和英雄故事，西元前 8 世紀由詩人荷馬撰寫成史詩，至西元前 2 世紀左右，再經學者編訂之後，成為現今的版本。荷馬史詩的內容非常豐富，不但廣泛反映出古希臘社會的各層面，甚至於歐洲文學與文化也可以說是起源於古希臘時代，大約從西元前 8 世紀開始，荷馬史詩就已經被公認為是文學作品的典範，在西方古典文學中一直佔有相當重要的地位，也因此荷馬又被後人尊稱為希臘的國父。

　　希臘羅馬神話在希臘人和特洛伊人之間的特洛伊戰爭及後續羅馬帝國的創立達到了高潮。其中《伊利亞德》，最具有代表性的是特洛伊戰爭，一場長達 10 年的慘烈戰爭，主要起因是為了爭奪一位非常美麗的女孩海倫（Helen）而引發的偉大故事，特洛伊戰爭以木馬屠城記為主題，從特洛伊城的興起以至沒落，故事充滿了戲劇性，最後以悲劇收場。引起這場戰爭的爆發導火線和戰爭初期的

人和事，包括引起 3 位女神赫拉（Hera）、雅典娜與艾佛洛狄特爭奪的金蘋果、帕里斯（Paris）的判決與其對米奈勞斯（Menelaus）老婆海倫的誘拐。為了救海倫，希臘人在米奈勞斯的哥哥，同時為邁錫尼國王與希臘共主阿伽門農的領導下，率領了龐大的軍隊船艦攻打特洛伊，然特洛伊人則不願將海倫歸還。

特洛伊城之堅固，戰爭前後持續長達 9 年，希臘人始終無法攻進，直至第 10 年，阿伽門農和希臘人中第一武士阿基里斯（Achilles）反目，爾後並引發阿基里斯的表弟帕特羅克洛斯（Patroclus）與特洛伊國王普里阿摩斯（Priam）的王子赫克特（Hector）戰鬥，帕特羅克洛斯的死亡，與隨後赫克特與阿基里斯對決，赫克特的身亡。赫克特死後，阿基里斯自己被帕里斯因太陽神阿波羅的告知其弱點，將箭射中腳踝而死去。最後，希臘人在雅典娜的幫助與奧德修斯木馬屠城的計謀之下，設計與建造了木馬，不管普里阿摩斯的女兒卡珊卓（Cassandra）的預言與告誡，特洛伊人被西奈（Sinon）所騙，將木馬視為對雅典娜的貢品拖進了特洛伊城，另外建議將木馬摧毀的拉奧孔（Laocoon）則被海神波賽頓（Poseidon）遣使的巨蛇所殺。到了夜晚，預先藏在木馬裡的希臘士兵將城門打開，在城外待命的士兵蜂擁而入，特洛伊城慘遭焚燒與掠奪，普里阿摩斯和他的子民們大都被殘忍地殺害，特洛伊的女性則淪為希臘人的奴隸。

長達 10 年的特洛伊戰爭與其後的木馬屠城結束後，開始了希臘領袖們的返鄉或其他旅程，主要包括如奧德修斯的伊薩卡王國返鄉旅程與伊尼亞斯的建立羅馬帝國旅程，這些記載於荷馬《奧德賽》和維吉爾（Virgil）《伊尼亞德》（*Aeneid*）2 部史詩。《奧德賽》的氛圍和《伊尼亞德》的截然不同，它描述的是海上流浪冒險故事，張力十足，而且是一部奧德修斯與其妻兒團圓的喜劇；而《伊

尼亞德》則是伊尼亞斯（Aeneas）身負使命，在特洛伊陷落之後帶領特洛伊人逃離家鄉，海上漂泊輾轉來到現今的義大利對抗當地住民建立新家園，最終成為羅馬帝國創始者的故事，其情節發展，可說是《伊利亞德》與《奧德賽》綜合體。

在這 2 部史詩中有個共同特色，就是都有神和人的活動與神的干涉，尤其是人間的故事增色不少，《奧德賽》是以特洛伊戰爭之後，奧德修斯在返回伊薩卡王國期間在外 10 年多國歷險的迷航記，從特洛伊回到希臘，奧德修斯花了整整 10 年，10 年漂流期間，充滿了誘惑、危險與優美的故事，主因其惹怒海神波賽頓而多災多難；《伊尼亞德》則是描寫特洛伊戰爭在守城作為背景，因女神赫拉在先前帕里斯的判決其接受了愛神艾佛洛狄特的賄賂仍懷恨在心，興風作浪，一路設法避免艾佛洛狄特的兒子，同時也是特洛伊王子伊尼亞斯至現今的義大利建立羅馬帝國，在古羅馬文化中，羅馬人由於英雄伊尼亞斯的故事而對特洛伊戰爭特別感興趣，維吉爾在《伊尼亞德》中提及了此事，將特洛伊的滅亡、伊尼亞斯的逃亡和羅馬帝國的建立串聯起來，撰寫了著名震撼人心的羅馬史詩《伊尼亞德》，宣揚羅馬帝國的傳統精神。

特洛伊戰爭衍生了許多相關的題材，也成了古希臘羅馬作家創作靈感的主要來源，他們對特洛伊戰爭的主題偏好更顯現了其對整體古希臘羅馬文化的重要性，也深深影響了之後的歐洲文學寫作。如希臘悲劇詩人愛斯奇勒斯的《奧瑞斯提亞》（*Oresteia*），即以特洛伊戰爭為背景，並以主角奧瑞斯（Orestes）為名的三部曲：《阿伽門農》（*Agamemnon*）、《奠酒人》（*The Libation Bearers*）與《和善女神》（*The Eumenides*），情節描述希臘的共主阿伽門農帶領聯軍攻打特洛伊城，戰爭持續 10 年終於凱旋回鄉，但皇后克萊婷（Clytemnestra）早已勾結情夫埃紀斯（Aegisthus）密謀設下陷阱

將之殺害，阿伽門農與克萊婷之子奧瑞斯從小就被送至外地扶養，等待他長大回國為父報仇。另外，中世紀歐洲作家，從特洛伊戰爭中取得英雄主義和浪漫主義相關的故事題材，並為其找到了較適合他們本身的宮廷和騎士的題材框架。如貝諾特（Benoît de Sainte-Maure）的《特洛伊傳奇》（*Roman de Troie*）和約瑟夫（Joseph of Exeter）的《特洛伊戰場上》（*De Bello Troiano*）重新改寫了這場戰爭，並將特洛伊的史詩改編成小說（Kelly, 2003）。

四、現代以希臘羅馬神話為主題的作品

神話是古希臘羅馬生活中相當重要的歷史與資產，希臘語 mythos 原意為話語或演說，亦可指神話、故事和傳說（Encyclopaedia Britannica Online, 2010），他們用神話故事說明自然現象、文化演進以及傳統的喜好，尤其是神話中具有英雄或者神的血統的來源。荷馬史詩深厚的知識更於其文化影響力為希臘人所信服，因此其史詩被比喻為希臘的教育，他的作品又被尊稱為 the Book（Hanson and Heath, 1999），基本而言沒人會懷疑《伊利亞德》和《奧德賽》所描述的特洛伊戰爭實際發生的情況，現代以希臘羅馬神話為主題的作品簡要列舉如下：

類型	作品
電　影	1. 波西傑克森：神火之賊（Percy Jackson and the Olympians: The Lightning Thief） 2. 特洛伊：木馬屠城（Troy） 3. 迪士尼大力士（Hercules） 4. 海克力士（Hercules） 5. 鋼鐵力士（The Legend of Hercules） 6. 超世紀封神榜（Clash of the Titans） 7. 怒戰天神（Wrath of the Titans） 8. 神力女超人（Wonder Woman）

類型	作品
電視劇	1. 大力士的傳奇旅行（Hercules: The Legendary Journeys）
動　畫	1. 天神向前衝（Olympus Guardian） 2. 聖鬥士星矢（Saint Seiya: Knights of the Zodiac）
漫　畫	1. 星座宮神（Legend of Zodiac） 2. 聖鬥士星矢（Saint Seiya: Knights of the Zodiac）
小　說	1. 波西傑克森（Percy Jackson） 2. 太陽神試煉（The Trials of Apollo）
遊　戲	1. 天使之戀 2（Angel Love 2） 2. 神魔之塔（Tower of Saviors）

五、反思與總結

在希臘羅馬神話課程多元學習情境下，教學成效亦展現在學生的心得回饋之中。在全英文書寫下，學生們針對不同主題，連結他們舊有的先備知識，延伸出全新思維與嶄新價值。課程讓學生撰寫反思日誌之導引說明如下：

Direction: A personal reflection is an opportunity to reconsider events, thoughts and feelings from a fresh perspective. Your personal reflection can include: (1) your opinions, beliefs and experiences; (2) similarities or contrasts to your own life (i.e. experiences you can identify with); (3) how real or believable a subject / text is; (4) your emotional state at a given moment; and (5) sympathy or empathy with characters.

You can support your response through: (1) examples from the text; (2) referring to specific events within a text; and (3) referring to specific quotes within a text.

指引：個人反思是一個從新的角度重新考慮事件、思想和感受的機會。你的個人反思可包括：(1) 你的意見、信仰和經歷。(2) 與你自己生活的相似或對比（你可以認同的經歷）。(3) 主題／文本的真實性或可信度。(4) 你在特定時刻的情緒狀態。(5) 對人物的同情或感同身受。

你可以通過以下方式支持你的回答：(1) 文本中的案例。(2) 提及文本中的特定事件。(3) 參考文本中的具體引用。

綜而言之，西方古典神話起源於希臘羅馬神話，經口耳相傳與詩人赫西俄德和荷馬的作品彙編整理傳於後世，包括《荷馬史詩》，即《伊利亞德》和《奧德賽》，以及艾斯奇勒斯、蘇弗克里茲和尤里匹蒂斯的悲劇作品（簡士捷，2016）。神話內容多半與古希臘羅馬宗教有關，其中大部分是希臘羅馬神祇及相關英雄人物的故事，這些作品以不同形式流傳，也因此作品不再僅僅只為宗教服務，而是有了其他如反思社會問題或娛樂的功能。

值得一提的是，雖然希臘羅馬神話主要源自古希臘和古羅馬，西方文化由此孕育而生，現在西方文化中的神話多依此神話的希臘語和拉丁語為依歸，並按時代的演進產生些微的變化，以符合社會文化的發展。希臘羅馬神話是西方許多哲學思想、美術、音樂及文學作品的基石，為西方文化中不可或缺的一部分，包括詩歌、戲劇、繪畫、雕塑、歌劇和芭蕾，同時也是現今流行文化的靈感來源，如電影、電視劇、動畫、漫畫、小說和遊戲。科學的命名許多也源於希臘羅馬神話，如天文學、化學、生物學和佛洛伊德（Sigmund Freud）的心理分析學。在中世紀與文藝復興時期，拉丁語仍是歐洲地區的必修課，許多神話中的人物姓名都為拉丁語。到了 19 世紀，希臘語開始復興，越來越多的姓名以希臘語形式出現在這些神話裡（Foley, 1999）。希臘羅馬神話仍活躍於西方的信仰與

文化中，持續影響著詩歌以及作為文學、繪畫、雕刻與藝術等各種
主題，歷久而不衰。

參考文獻

簡士捷（2014），臺灣通識網「希臘羅馬神話」開放式課程。網址：http://get. aca.ntu.edu.tw/getcdb/handle/getcdb/366834。

簡士捷（2016），〈「希臘羅馬神話」課程設計〉。《通往知識的祕徑：通識課程理念與教學實務》。通識在線雜誌社編。臺北：開學。頁 3-23。

Brazouski, Antoinette and Mary J. Klatt (1994) "Preface" *Children's Books on Ancient Greek and Roman Mythology: An Annotated Bibliography.* Westport: Greenwood Press.

Encyclopaedia, (1952) "Volume: Hellas, Article: Greek Mythology" *Encyclopaedia: The Helios.* England: Cambridge University Press.

Encyclopaedia Britannica Online, (2010) "Greek Mythology" http://www.britannica. com.

Foley, John Miles (1999) "Homeric and South Slavic Epic" *Homer's Traditional Art.* Philadelphia: Penn State University Press.

Hanson, Victor Davis and John Heath (1999) *Who Killed Homer?* Rena Karakatsani (translated). Athens: Kaktos.

Kelly, Douglas (2003) "Sources of Greek Myth" *An Outline of Greek and Roman Mythology.* New York: Douglas Kelly.

Kelsey, Francis W. (1889) *A Handbook of Greek Mythology.* Boston: Allyn and Bacon.

Miles, Geoffrey (1999) "The Myth-Kitty" *Classical Mythology in English Literature: A Critical Anthology.* London: Routledge.

第五章

舞動季節嘉年華：
《樂來越愛你》戀人絮語

談玉儀
國立臺北商業大學通識教育中心副教授

「電影英文」曾獲教育部教學創新先導計畫補助。作者為淡江大學英文系博士，專長為西洋文學，曾擔任學校之北區教學資源中心基礎英文計畫協同主持人，亦曾以「電影與小說」通識課程執行教育部重要特色領域人才培育計畫，104 學年度獲臺北商業大學「創新教學獎」。

一、電影 · 歌舞 · 語言

一切得從《樂來越愛你》（*La La Land*，簡稱《樂》片）談起。

洛杉磯艷陽照耀在車水馬龍的 101 高速公路上，隨著電影開幕主題曲〈又是個艷陽天〉愉悅的旋律，這群來自世界各個角落的尋夢者，不耐交通堵塞之苦，在擁擠的公路上且歌且舞，樂音悠揚，他們唱著：

> 每個夏日星期天晚上
> 我們總窩在椅子裡
> 看燈光漸漸昏暗
> 身處音樂與機器建造的彩色電影世界
> 呼喚我躍上螢幕
> 過著一場場螢光幕的生活

這場歌舞嘉年華翻轉四季流轉的歲月，在歌頌夢想的節奏中，為爵士音樂家賽巴與女演員米亞的戀情揭開序幕。天空如此湛藍，幾乎讓觀眾忘了 2 人身在冬季，此時音樂嘎然而止，城市的喧囂不斷地湧入，突然一陣落寞，米亞惆悵不已，難以確定繁華的電影圈是否有其容身之地；而賽巴也抑鬱寡歡，將音樂夢深埋心中。所幸，一場冬季戀歌改變了他們的人生際遇，也堅定其尋夢的信念。

導演查澤雷（Damien Chazelle）的一鏡到底（one take）的歌舞開幕場景，將塞車譬喻為面對人生困境瓶頸，暗示米亞一圓演員夢的艱辛，與賽巴堅守經典爵士音樂所面臨的格格不入的窘境。這種一鏡到底的場景需要長時間的演練，才能達到令人滿意的效果。片中舞蹈動作節奏精準、樂曲流暢悅耳、服裝繽紛及攝影技巧洗鍊，均配合的天衣無縫，令人迷戀。

　　波德維爾（David Bordwell）與湯普森（Kristin Thompson）在知名書籍《電影藝術》（*Film Art*）中勾勒歌舞片（musical）的歷史與脈絡，可遠溯自二〇年代末期的興起，而至七〇年代式微。早期歌舞片並無明顯的故事情節，約在三〇年代才約略分為著墨於明星後臺生活，與一般人日常生活的 2 種不同模式：前者常以劇中劇的方式，展現演員臺上與臺下不同面貌的強烈戲劇對比；後者則是一般升斗小民的日常生活。2016 年發行的歌舞片《樂來越愛你》試圖融合這 2 種故事邏輯，以劇中劇表現演員臺上臺下強烈對比，對明星亮麗光鮮背後的著墨也滿足觀眾偷窺的樂趣。電影中飾演米亞的演員艾瑪史東（Emma Stone）將本人經過無數次試鏡的經驗，融入米亞面對試鏡挫敗的體悟，因此米亞的角色看似針對一般抱持夢想的年輕人而設計，但也注入明星光環的加持。

　　「電影英文」課程的設計，開展電影、文化、語言的對話空間。循著歌舞片的脈絡解析《樂》片如何向傳統致意，但又賦予活化現代歌舞片新意；同時也藉由欣賞其他相關的 5 部電影，試著深入「文藝歌舞片」（melodrama musical）的核心文化與視覺美學。《樂》片沿用早期歌舞片勵志向上與追尋圓夢的故事結構，蘊含法國哲學的滄桑美學，回歸明尼利（Vincente Minnelli）式的文藝歌舞片傳統。其中最令人津津樂道之處為前述所提之電影開場及結束的豪華廠棚場景，後者乃喜劇幻想與悲劇現實的雙結局，喜中帶悲的惆悵打破傳統大團圓喜劇收場。

　　本文分主題綜論、影像互文、回響省思 3 部分：第二節為課程導引，勾勒內容架構；第三節見微知著，試就《樂》與《秋水伊人》（*Les Parapluies de Cherbourg*，簡稱《秋》片）2 部片中 3 個互文主題延伸與討論；第四節落實課程實際面向，檢視學習成果及改進方向。

二、課堂的歌舞人生

　　「電影英文」課程以《樂》電影與劇本為主要教材，除了解釋英文劇本中單字與對話涵義，也解析文藝歌舞片類型與特色。另邀請專家演講及剪輯教學、搭乘臺北觀光巴士瞭解城市文化景點、及期末影片觀摩等 3 大活動，以活化課堂主題性課程。而課程主題為：預告片解碼、歌詞與詩、劇本閱讀及電影互文比較等。

　　「預告片解碼」分析《樂》與《萬花嬉春》（*Singin' in the Rain*）2 部歌舞電影預告片，讓學生藉由預告片瞭解電影劇情、角色、類型、語言、製作群、音樂特質、視覺風格、訴求觀眾等要素。比較因為時代的文化差距，賦予同類型歌舞片不同市場策略。1952 年的歌舞電影《萬花嬉春》因處於默片跨界至有聲片的歷史浪頭，因此片中大量運用默片特有的字幕（intertitles）與重疊的視覺畫面效果，建構巨大廠棚歌舞場景，為當時電影市場賣點；2016 年的《樂》則強調視覺畫面與旁白聲音的交互運用，向歷代歌舞片模擬致敬，但又企圖建立獨特的後現代蒼涼感。

　　「歌詞與詩」選擇《樂》片 3 首歌曲，〈又是個艷陽天〉、〈星光之城〉、〈試鏡：那些懷抱夢想的傻子〉演繹歌詞意涵、文法結構、押韻及象徵之聯想。在基本文字解析之外，也試圖理解詩歌中頭韻與尾韻對於現代歌曲的影響，以詞解詩、以曲認詩，引起同學對於古詞新用的興趣。

　　「劇本閱讀」及「電影互文比較」以城市與時間／季節議題為課程討論方向，並搭配相關電影及訪談影片，讓同學藉由電影中呈現四季不同氛圍的情境英文，整合同學聽、說、讀、寫 4 大技巧。循著《樂》片 2 位主角米亞與賽巴的相遇、相戀到相離，而將劇本分為四季愛情故事：冷嘲熱諷的冬天、歡喜結緣的春天、浪漫熱戀

的夏天、分手再見的秋天。

　　課程架構的四季時序以弗萊（Northrop Frye）於《批評的解剖》（*Anatomy of Criticism*）中提出的文類聯想，為整合理論基底：諷刺／冬天、喜劇／春天、浪漫／夏天、悲劇／秋天。雙方冬季在高速公路與餐廳中的 2 次相遇卻彼此嘲諷，顯示 2 人有緣無份；春季萬物欣欣向榮為 2 人帶來第 3 次的巧遇，充滿歡愉節奏的華爾滋雙人舞，讓愛在天文臺中綻放光芒；夏季浪漫散步洛杉磯知名景點，愛苗摯愛地燃燒；秋季蕭瑟隨著 2 人忙於各自的表演與樂團事業，而漸行漸遠；5 年後不期然的冬季相遇，只剩下在夢裡相遇的不勝唏噓。

　　隨著《樂》片中戀人四季影像的時序，納入與季節／城市相關的影片，培養同學聯想力及擴展文藝歌舞電影的橫向廣度。《52 Hz 我愛你》為魏德聖導演 2017 年推出的喜劇歌舞小品，描述春意盎然的情人節當天，6 對情侶歡喜結緣的故事。魏德聖說：「我覺得先前的《賽德克‧巴萊》和《KANO》就像吃大餐，吃完會有飽足感和滿滿的能量，而這次的《52 Hz 我愛你》就像是精緻的下午茶甜點，看完之後會有甜蜜的幸福感，我想傳達的就是這種快樂的感覺」（魏德聖，2017）。幸福、快樂、美好為喜劇的基本要素，弗萊定義新喜劇的特質為：「男歡女愛的情節，衝突來自於父母的阻力，而這掙扎終究導致主角的轉變，即亞里斯多德所謂的感悟」（Frye, 1957: 61）。即使喜劇也有令人領悟之處，春季中米亞與賽巴相約看五〇年代老片《養子不教誰之過》（*Rebel Without a Cause*），米亞臉部特寫與《養子不教誰之過》中的格里菲斯天文臺校外教學疊影，旁白則為老師講解地球滅亡之說：「在一陣火與氣的爆炸中，我們將消失於宇宙的黑暗，於此生、於此死」。片中「火與氣的爆炸」暗指米亞與賽巴愛情的熱能，可從 2 人在滿天星空景片

中，隨著弦樂舞曲〈行星儀〉跳著雙人華爾滋而知。愛情帶來黑暗也帶來光亮；一段愛情的消失也預示另一段愛情的開始。在愛情的春天中，米亞與賽巴珍惜他們當下緣分。

毫無疑問，《樂》片中的春季向導演尼可拉斯雷（Nicholas Ray）於 1955 年所執導的《養子不教誰之過》致意，2 部電影皆選擇洛杉磯的格里菲斯天文臺作為談情說愛的絕佳場景，也讓賽巴的角色賦予詹姆士狄恩叛逆特質，只是他的叛逆是在爵士音樂上，而非對家庭與父母的指責，但 2 人對於急速發展的現代商業社會造成人際關係的疏離，發出擲地有聲的怒吼。

弗萊在《批評的解剖》中提出夏天的特質可與浪漫史（romance）文類比擬：「浪漫史中的追尋為慾望的尋找，或可說是自我渴望從現實的焦慮中脫身而出，但仍無可避免地留下現實對靈魂的刻痕」（Frye, 1957: 210）。弗萊的夏季浪漫史探究理想烏托邦與冷酷現實世界的衝突，《樂》片中的米亞與賽巴也面臨類似的焦慮，他們愛情桃花源與事業的夢想相互抵觸，2 人各自忙於追尋演藝事業與樂團生活，而導致感情日漸疏遠。美國導演伍迪艾倫（Woody Allen）的《午夜巴黎》（*Midnight at Paris*）開頭的片段向巴黎的羅浮宮、鐵塔、紅磨坊等知名景點致意，多元文化的巴黎是作家男主角吉爾的夢想城市，當午夜鐘聲一響，他便遁入二〇年代巴黎藝文圈的想像世界，這是他的文學烏托邦。然而他的夢中情人安琪莉亞娜雖生於二〇年代的巴黎，卻認為 1890 年的巴黎才是所謂的黃金年代（La Belle Époque）。導演似乎暗指每個人心中都有個幻想的美好世界，但是一味地罔顧自身所處的現實社會，豈不是緣木求魚的鴕鳥心態。《樂》片與《午夜巴黎》皆試圖在浪漫的愛情中找到現實的基石，以便落地生根。

艾倫導演的另一部電影《大家都說我愛你》（*Everyone Says I*

Love You）如蕭瑟秋天帶來愛情的悲劇，一如《樂》片中的戀人為了理想與事業放棄愛情。悲劇中的英雄通常置身於命運轉輪的頂端，前一刻的自由隨即變為束縛的枷鎖；而時間也帶來不可逃避的因果關係與災難似的結局。愛情中不可預期的荒謬性總伴隨著莊嚴深沉的悲劇省思。喬雖然深愛妻子，但 2 人終究離異；喬與新歡芳的結緣卻根基於虛假的謊言，芳最後放棄夢想成真的愛情，因為她不希望過著如夢境的生活而離開喬。《大家都說我愛你》看似輕鬆的喜劇氣氛，但骨子裡卻是蒼涼的悲劇，從一開始戀人唱著主題曲〈大家都說我愛你〉，到接近結局的〈我不要愛情〉，而結局回到〈大家都說我愛你〉可知端倪。2 位導演艾倫與查澤雷，看透愛情荒謬的悲劇本質，即便愛情的變化無常，但卻還是無法讓人們忍不住無法不愛，執意往炙熱愛火撲去的壯烈悲情。

三、冬去冬又來：歌舞劇的互文節奏

　　《樂》片的開始與結束皆在冬季，而與冬季相關的電影非《秋》莫屬。導演查澤雷曾公開表示，法國導演德米（Jacques Demy）獲得 1964 年坎城金棕櫚獎殊榮的歌舞片作品《秋》為《樂》片的啟蒙影片。不可諱言《樂》片雖在形式上，借助好萊塢黃金年代歌舞片的特質，但影片內涵卻深受法式哲學憂喜參半的影響。更重要的是，2 位導演試著以文藝歌舞片的影像語言，呼應女性內在主體狀態，經命運的牽引打開、重組後再返向自身時，即具反思能力的生命觀，不斷地與外在環境周旋，留下記憶烙痕與死生蛻變的刻印。

　　本章節以上述 2 部影片為主，微觀自好萊塢黃金時期半世紀以降，歌舞片承傳與創新的風格：如何在扎實的歌舞傳統淬鍊下，孕育出不落俗套的樂音與色彩；在不同的時空軸線上併呈寫實與虛

幻的新意。為使課程主題更聚焦，乃交叉比對 2 部電影女主角珍娜維芙及米亞，並以「主題與變奏的時間觀」、「母親歡顏與女兒背叛」、「城市幻想的疊合」為 3 大分析區塊。在音樂與色彩的時空軸線下，復返地與所居住的城鎮發生綿密互動，探討情人、母女關係互為主體與他者的鏡像抗辯。

　　一般傳統歌舞片大都提供觀眾目眩神迷的「完美結局」，但是《秋》及《樂》卻針對「圓滿」結局提出質詢：《秋》片結局中愛人相遇，卻不如不見；《樂》片對照離異現實所產生復合幻想的滄桑感。《秋》片的珍娜維芙個性善良但優柔寡斷，與寡居的母親共同生活，但母親考量經濟因素，反對女兒與男友吉的戀情，違反童話完美結局而以悲劇收場。從媽媽的百般阻擾到戀人從軍分離，珍娜維芙的愛情觀面臨極大的考驗，與男友離異後發現身孕，在母親的建議下便接受新男友的求婚。珍娜維芙是個聽話的女兒，也是個體貼人意的好母親，但卻是個不善等待、意志薄弱的女友。劇末與男友不期而遇的漠然，也許是在歷盡滄桑後，另一種保護自我的方式，亦可反映六〇年代法國與阿爾巴尼亞戰爭的殘害及商業主義的濫觴。《樂》片的米亞代表歌舞片黃金時期的原型角色，自小受到演員阿姨耳濡目染，故以演戲為終身志業。劇中因與男友各自為事業奮鬥而無法結合，但劇末一場不期的相遇，讓她幻想與男友賽巴復合，貼切勾勒出以戲為人生的個性，也呈現出好萊塢電影的夢幻特質。

　　探索《秋》及《樂》2 部電影女主角主體的互文，猶如檢視歌舞片一脈相傳、母女相連的臍帶關係；而片中 2 個女兒尋找故事的結局，離鄉與復返的旅程，為回到文藝歌舞片原鄉盡頭的幻想與悵然，提出最佳詮釋。克莉斯蒂娃（Julia Kristeva）在《沒有國家主義的國家》（*Nations Without Nationalism*）中提出：「童年記憶、家

庭倫理、個人歷史、種族群譜及土地感情皆為母體的原點；我們不斷復返，乃尋求超越，而不是固守此原點」（Kristeva, 1993: 4）。克莉斯蒂娃逆轉女性陰柔的思考模式，讓女兒回到母性的精神原鄉。藉由探索 2 部影片中音樂、季節、色彩、城市，回到記憶的創傷點，來探索返思與死亡／生命的二元性的逾越，彰顯 2 位女主角珍娜維芙與米亞從少女到少婦所歷經失去、尋回的執迷與領悟。

　　2 部電影令人耳目一新的故事結局，以跳躍式的情感律動，對抗線性敘事的理性邏輯，此為 2 部電影互文比較的第一重點。從故事結局可瞭解女主角之所以成為今日的她，可追溯至其母親對愛情的觀點，故第二重點為深究母女相連或反逆的複雜心結。第三重點為瞭解主體所處城鎮的文化養成，與其破繭成蝶的理想自我抵觸。

（一）主題與變奏的時間觀

　　《秋》導演德米顛覆傳統類型化的歌舞片，將片中人物對白入歌成曲，開創類似歌劇「無話樂歌」形式，使歌曲節奏與旋律一氣呵成，不受對白語言干擾。關於電影結尾珍娜維芙與吉 5 年後的重逢，導演以具批判性的場面調度，改寫通俗劇喜劇團圓或全然悲劇的傳統結局。曾經相互承諾守候一生的戀人珍娜維芙與吉，在雪夜中重逢時，早已各自婚嫁，吉甚至不想與自己的親生女兒相認。片尾響起的作曲家李葛蘭（Michel Legrand）主題曲〈我將等你〉（*I Will Wait for You*）樂團演奏版本，與之前 2 人離別前的雙人唱版本，形成強烈的嘲諷對比。「天涯海角我心相隨，天長地久，此情不渝」猶言在耳，但佳人已遠嫁，此情不再；抑或 2 人之間因為各自婚嫁，礙於社會規範，而以樂音代替互訴款曲。此時的珍娜維芙已非對愛情充滿幻想的茱麗葉，而是身為商人世家的人母。母親的婚姻觀及不期然的懷孕，對她的影響極為深遠，已為人母的她似

乎認同母親安排婚約的用意；而如父親般慈善的追求者羅宏也讓她更堅定地下定決心，為腹中的女兒找個經濟無虞的父親。珍娜維芙與吉的戀情經過主題曲〈我將等你〉，不停地反覆在他們生命重要的時刻出現，是他們記憶的共同體，即使對方不在身邊，也內化成自身的一部分，變成生命的樂章。

《秋》主題曲〈我將等你〉為片中反覆出現的主題音樂，出現在前言（1次）、第一章分離（1次）、第二章缺席（4次）、第三章回家（1次）中，分別代表男女主角的心境變化與他們愛情的遞變。檢視該主題曲7次出現的引申意涵，印照珍娜維芙與吉這對戀人，互為自我與他者的逆轉心境，與家園變遷與戰爭殘害形塑出壓抑的自我。簡單分析如下：「前言」的主題曲第一次出現時，導演以由上俯視下方的全知觀點鏡頭，點出雪堡的海港背景，城內男女或成雙成對、或形單影隻；「分離」部分則以男女主角纏綿悱惻的雙人唱，唱出沒有對方則沒有生命的遺憾；「缺席」細訴他／她不在的心境變化，2人因為失去對方，而呈現相對孤寂的對應樂章；堆疊出「回家」中2人即使再度相遇，卻回不到記憶中的摯愛。

2部電影起始相似點在於愛情故事起落的6年週期。西方對於數字6的象徵解釋偏向負面意涵，6表示事物有缺陷、不完美，因為6比7少1，而7通常是用來代表事物的完全或完整無缺。2部電影男女主角都以6年戀情收場，註定未能終結連理。《秋》以冬雨眾人持傘的主題開始，到劇終戀人哀莫大於心死的雪地重逢；而《樂》自陽光照耀下似乎人生停滯的加州101公路大塞車開始，到劇尾2人酒店重逢時卻已各自婚嫁。

《樂》的結尾與《秋》的結局，都是戀人相遇但愛情已成回憶的主題。《樂》片米亞與賽巴，因為各自忙於演藝事業與爵士酒店的經營，而無法結合。片尾酒店不期而遇讓米亞產生2人復

合的幻想，遁入幻想的連結點為〈米亞與賽巴主題曲〉（*Mia and Sebastian's Theme*），這首曲子讓他們的愛情故事逆轉。查澤雷延續德米自冬開始、由冬結束的四季時序，但在結尾處的幻想卻回溯到男女主角初識的聖誕餐廳場景，打破順時序的四季框架，這種逆轉時序的心理時間也是創造幻想的軸線。米亞的幻想可分成 2 部分：前半段以人工設計的廠棚內景，搭出好萊塢似公主與王子 2 人邂逅、相戀、相濡以沫，賽巴自始至終不離不棄的追隨米亞，放棄自己的夢想；因此 2 人順遂的結婚、生子，過著幸福的家庭生活。後半段的影像設計以 2 人觀看家庭影片，由原先的觀看者進入影片，變成其中快樂的夫婦。然而該段影片也可解釋為賽巴而非米亞的幻想，他與米亞的不期而遇全部是幻覺，只因他希望米亞出現在努力經營的爵士酒吧，2 人最終沒有相認，但彼此微笑中道盡雙方往事只能回味。〈米亞與賽巴主題曲〉也像是藏在記憶深處的戀曲，永遠令人緬懷。這種劇終多種解讀的方式可呼應《秋》片尾男女主角曲終人散，主體與他者互為映鏡時，所產生的多層反射解讀。

（二）母親歡顏與女兒背叛

　　《秋》開場雨淋的海港街道，一對戀人從左下角出現，撐起紅色的傘，綻放第一抹鮮豔的色彩，不同傘海的排列組合，預告繽紛的影像色彩，但突然走來的 6 把黑傘，似乎也暗示雨的悲傷。多采多姿的雨傘來自於珍娜維芙的母親艾湄莉夫人所開的傘店，似乎象徵她對於繁華世界的嚮往。影片以熱烈飽和的色彩遮蔽現實社會中艾湄莉冷漠的生存之道，及不願正視卻無所不在的孤寂。而這通透的色彩卻無法抵擋片尾迎面而來的白雪景物的蕭寒、人心的冰涼與現實相同的冷漠與殘酷。珍娜維芙熾熱的心曾為吉燃燒，甚至考慮私奔，逃脫母親的掌控，遠離家園。吉遠赴阿爾及利亞戰場 2 年，讓已有身孕的珍娜維芙，難以渡過街坊鄰里訕笑與批判的無情歲

月，更無法抵擋母親每日耳提面命的遊說，體貼與闊綽的珠寶商羅宏遂成為最佳丈夫與父親的人選。

意志薄弱的珍娜維芙易受外在物質環境影響，她沒有朋友只有母親，母親是她生活的重心。女兒對母親歷經從反叛到屈從。一場珠寶店賣項鍊的場面調度，顯現母親已將女兒物化、商品化。而主顯節的晚餐更像是場逼婚的前戲，母親與羅宏身穿黑衣，如同站在同一陣線的同盟關係，身穿紅衣的珍娜維芙像是婚姻買賣祭壇上的貢品。用餐時她吃到國王餅中的籤條，按照習俗須指定一人為國王，在母親的慫恿下，只見她茫然的眼神對著羅宏說著：「我沒有其他的選擇，只好選你當我的國王」。珍娜維芙讓羅宏想到聖母與聖子的畫像。此時，珍娜維芙憂鬱地對著鏡頭，臉部凝視的特寫表達內心的不滿與控訴。在她頭戴白色婚紗時，另一個對著鏡頭憂鬱的凝視特寫出現。2次對著鏡頭的凝視，展現世代的隔閡，呈現出女兒對母親的抗議。但這抗議終將在傳統的海港城市消失。而從母女2人同穿紅色的洋裝，與雨傘店壁紙的顏色融合為一中得到應證。珍娜維芙最後逐漸認同母親並妥協，母女2人終於皆成為雪堡傘店的裝飾品，及商業主義盛行下的代言人。

《樂》中的米亞為當代的獨立女性，沒有受時代的性別歧見，努力追求自己事業的夢想，感情上卻選擇隨緣。導演在戲中設計的角色米亞隱含對好萊塢女性巨星的緬懷，可從以下的場景得到印證：一開始走過滿是名演員的畫牆，到自己成為海報中的女主角；當她站在老舊電影院中尋找賽巴，整個人與《養子不教誰之過》影片重疊；自己自編自導演出的一人劇；與電影尾聲在人為搭造的洛杉磯與法國景片中載歌載舞等等例子，不難看出米亞雖是現代女性，但導演刻意地強化其綻發出往日巨星懷舊的風采。

　　米亞的母親在電影中幾乎缺席，只透過電話傳出她對於女兒應該有個固定工作男友的期待，賽巴無意間聽見，遂屈從自己的意願而接受朋友樂團的工作，這卻導致米亞勸戒男友不該浪費時間做自己不喜歡的工作，應該努力朝理想前進。從此看來，米亞並不認同母親傳統的價值觀。反倒是以演戲為志業的阿姨對米亞影響較大，阿姨她雖然在影片中也是個缺席者，但可從米亞與賽巴的深談與〈試鏡〉歌詞中唱出對阿姨的緬懷得知，美國好萊塢歌舞片黃金時期中所謂的文藝歌舞片，深受從法國來美國發跡的導演明尼利的啟發。他 1951 年拍的《一個美國人在巴黎》(*An American in Paris*) 歌舞場景的美術設計概念，即被大量地運用在《樂》的尾聲。美術設計華斯柯 (David Wasco) 解釋：「每樣景片都是手繪而成，例如樹叢與灌木都經過修剪後重新塗上橘色，這種方式很像三〇年代、五〇年代好萊塢時期的歌舞劇美學的處理手法」(Wasco, 2017)。片尾的洛杉磯與巴黎廠棚搭景與家庭影片的場面調度，可看出導演查澤雷向文藝歌舞片傳統致意，以歌舞、色彩艷麗的廠棚搭景、法國憂喜參半的人生哲學，救贖並復甦沒落的制式歌舞片傳統。

　　《秋》中母女關係鮮明複雜，時而依靠、時而抗逆，這時代威權的母親也是上個時代壓抑的女兒。艾湄莉夫人母兼父職挑起兩傘店的生活擔子，在她身上我們看到現實加諸女性／母親的壓力。面對女兒的早孕，她想起年輕時錯誤的決定，希望女兒不要跟她一樣承受生活的重擔。戀愛中的珍娜維芙反叛母親，但是肚中的孩子讓她屈服了，認同了母親屬意的羅宏。這段有苦難言的母女關係，也可看作母親年輕時浪漫關係的倒影，隔一個世代錯愛的補償，卻賠上女兒的愛情。《樂》米亞與阿姨的關係，則象徵世代演藝事業的承傳。2 部電影依附母愛而犧牲愛情的淡然無奈，似乎也是另一種愛的反襯。

（三）城市幻想的疊合

　　《樂》的英文片名 La La Land 有 2 種解釋：一為幻想之地；一為洛杉磯。作為一個電影城市，它吸引全球電影人到此追夢。導演查澤雷曾說：「洛杉磯為美國浪漫城市的代表，無止盡的公路、廣袤的地平線、無垠的天空、海灘及好萊塢，這些造就它強烈的特質，而成為人們心中符號化的美國」（Hammond, 2016）。顯而易見地，洛杉磯應該是電影中最重要的主角，它呈現實體及人造 2 種不同風貌的影像。實體景點如格里菲斯天文臺上華爾滋的迴旋、夏季蒙太奇樂音下的天使鐵路、克羅拉多街橋、華特樓塔及中央市場。另一個則是搭起的廠棚城市，除了洛杉磯外還有巴黎。這些地方都是米亞與賽巴熱戀時所去的景點；同時也是米亞幻想跟賽巴共同經歷的想像都會。導演以影像化的實景城市及廠棚人造城市，來表現米亞現實與夢幻中的社會。

　　巴黎為連結這 2 部電影的中介城市：《樂》人造巴黎化成藝術景點，作為文藝歌舞片的原鄉象徵；《秋》中的巴黎從未出現在影片中，只是女主角珍娜維芙口中婚後的新家。巴黎在《秋》中另一個意義在於顯現其與雪堡海港城市不同的都會特色。對於珍娜維芙而言，雪堡是原鄉；而巴黎是他鄉。珍娜維芙的形象首次在電影中出現時的圖像，好似一張用圖釘貼在雪堡傘店門口的照片，她的身體已嵌入這店，墮入虛妄與繁華。除此之外，珍娜維芙還與酒館、港口與加油站 3 個關鍵地方密切相連。珍娜維芙在酒店跳舞時，曾對吉表明對於母親不滿；而當珍娜維芙與羅宏婚後搬至巴黎時，吉重遊舊地與一位同名珍娜維芙的妓女過夜。珍娜維芙曾與吉在港口夜遊，2 人幸福地規劃結婚後的婚姻生活；同樣的場景換成白日，羅宏對珍娜維芙表示願意一輩子照顧她與肚中的孩子。珍娜維芙與吉加油站的相遇寓意頗深，加油站只是珍娜維芙回家路上的中途休

息站；但加油站卻是吉的工作地點與家。導演擅長利用相同的場景在不同的時空中，展現人事全非的傷感惆悵；雪堡的雨與雪，足夠讓愛結凍成為往事。

《秋》與《樂》為文藝歌舞片中的經典之作，戲劇結構的歌舞形式加上上乘的美術設計，乃至於時間軸上的逆轉，成為導演反覆沉思後對影像傳達出的使命。而 2 位導演為 2 位女主角米亞與珍娜維芙書寫生命的歷程，這種內心復返的召喚與回顧，是對時間流向的返思，為記憶的沉澱。2 部影像書寫保留女主角記憶中的音樂、顏色與城鎮的記憶，反制時間對事物的磨損，還原情感的原樣，揭示內在的衝突，讓女性主體在世代交替之際復甦。

四、影中影 · 畫外話

「電影英文」通識課程的設計概念，以「歌」、「舞」、「表演」的藝術電影，激盪出異國語言與文化議題所帶來有趣的回饋與省思。《樂》2016 年放映後，掀起影壇一股回歸文藝歌舞片的熱潮，而其中所討論的「尋夢」愛情故事，貼切反映時下年輕學子的心聲，十分符合本課程的理念。除了同學肯定老師上課方式、教學內容、網路平臺的使用之外，筆者認為本課最大的貢獻在於引導同學探索問題，培養解決問題的邏輯思辨，並學習如何透過討論及上網搜尋問題的核心點。同學以分組的方式，彼此腦力激盪，在老師的引導及同學的討論互動之下，希冀引導同學培養獨立思考的能力。在分組同學的英語口頭報告中，同學藉由事前的預習及報告的臨場經驗，培養英語演講的能力，及藉由條理分明、圖文並茂的 PPT 整理思緒的能力。同時，同學選擇電影場景改編演出，達到演出學習英文的加倍功效。本課程整體設計為培養同學對於學習英文的樂趣，而同學配合意願十分高，甚至超出老師的期待，口頭報告獨特見解、劇本演出展現絕佳的默契、及見解非凡的期末報告，帶給老

師無限的驚喜與持續開課的熱情。

課程學習呈現 2 個高峰點：一為期中分組報告；一為期末影片觀摩，約 4 分之 3 的同學積極參與，學習活動表現亮眼，其餘 4 分之 1 的同學則透過教學助理私下瞭解學習狀況，或由老師透過網路詢問，才讓同學又回到課堂上課。期中分組報告期之前密集與同學討論問題的方向，並讓每組同學勾勒出問題的架構圖，因此期中的報告才不會離題。報告英文的書寫最大的問題在於文法及文章起承轉合的架構，經過不厭其煩的多次講解與糾正，大部分的同學進步良多。期末每組同學以電影場景實境演出，並拍攝成影片課堂中播放，就演出的發音、演技、場景布置、影片剪接、美術設計等團隊默契評分。約有 3 分之 2 的同學認真學習，熟背臺詞、設計場景、精心設計道具，以期整體表演到位。為讓同學積極參與課程討論，增設報告提問及同學評分，雖然評分標準有時太主觀而使分數落差很大，但藉由同學當老師的角色替換，看到的是同學們熱情的參與課程，化被動為主動的學習。

在〈幻想與電影〉（*Fantasy and Cinema*）的文章中，克莉斯蒂娃強調影像不訴求直接的道德判斷，惟透過置換、聯想、凝縮的連結而產生無意識的判斷，此乃佛洛伊德所說的原初過程，也是克莉斯蒂娃所謂的符號界動力。電影的影像帶我們接近無意識的幻想，這種主觀綜合的狀態（subjective synthesis）不僅呈現內在的欲望表徵。這種內在易感的自我周旋於需求與欲望十字轉門間，時時刻刻提出質疑；審視既有的傳統觀念來創新當代的新思維，這種內在反思的能力在擴展成自我的精神領域後，得以穿梭於內心與外在的世界，將深層的個人精神經驗擴展至外在的社會、歷史與政治世界。誠如《樂》中花開花落、季節輪替的軸線，點燃了記憶的暗香，也開啟了同學對於異國文化的視覺場域。

參考文獻

查澤雷（2017），《樂來越愛你》（DVD）。臺北：威望國際。

德米（2014），《秋水伊人》（DVD）。臺北：搖滾萬歲。

樂羽嘉編譯（2017），〈朝聖《樂來越愛你》，洛杉磯 5 個夢幻景點〉。《天下雜誌》。網址：http://www.cw.com.tw/article/article.action?id=5080230。

魏德聖（2017），〈52 Hz I Love You〉。《維基百科》。網址：http://zh.wikipedia.org/wiki/52_Hz_I_Love_You。

Bordwell, David and Kristin Thompson (2008) *Film Art: An Introduction.* Boston: McGraw Hill.

Frye, Northrop (1957) *Anatomy of Criticism.* New Jersey: Princeton University Press.

Hammond, Pete (2016) "Damien Chazelle's 'La La Land', An Ode to Musicals, Romance & L.A., Ready to Launch Venice and Oscar Season" *Deadline.* http://deadline.com/2016/08/damien-chazelle-la-la-land-venice-film-festival-1201810810.

Kristeva, Julia (1993) *Nations Without Nationalism.* Leon S. Roudiez (translated). New York: Columbia University Press.

Kristeva, Julia (2003) "Fantasy and Cinema" *Intimate Revolt: The Powers and Limits of Psychoanalysis.* Jeanine Herman (translated). New York: Columbia University Press. pp. 63-80.

Wasco, David (2017) *La La Land and 4 Seasons.* http://pictureplayblog.wordpress.com/2017/01/16/la-la-land-review-analysis-five-seasons-of-archetypes-in-a-technicolor-land.

第六章

翫古遊今：
文學經典演藝

張谷良
國立臺北商業大學通識教育中心助理教授

「文學經典演藝」曾獲教育部教學創新先導計畫及教學實踐研究計畫補助。
作者為東華大學中國語文學博士，曾獲教育部服務學習課程教案大專校院組
佳作、臺北商業大學 102 學年度「創新教學獎」及 104 學年度「教學優良獎」。
筆名慕谿，作品亦曾獲臺北文學獎新詩類參獎。

半畝方塘一鑑開，天光雲影共徘徊。

問渠哪得清如許？為有源頭活水來。

——朱熹〈觀書有感其一〉

一、文學經典在國文教學現場的瓶頸：窮途果末路？

通識教育，在大學教育中必須扮演著極為重要的角色。因其終極目標，乃在於培養學生成為一個「全人」，使之能夠重視以人為本的主體性價值，去認識自我、探索自我、建構自我、開展自我，乃至實現自我，並進而努力維護與彰揚人類的尊嚴與關懷，藉以消弭凡事過度講求專業化，所可能帶來的人格發展上的缺失。

「文學經典」則是千年賢哲藉由語言藝術體現其對生命「真善美」大道追尋情思的智慧結晶，誠包蘊整個中華文化基底及其總體精神的內涵價值，可謂為世界文化遺產中極具特色的瑰寶。此無盡藏倘善用得法，實足供後人多元智能的啟迪與習得，故大學通識教育仍多半將之納入必修學分中，由國文課程肩負傳道使命。

唯在國文課堂上，學生們卻常語帶牢騷地問說：「為何國文課本裡選的盡是些古文要我們來讀？每當翻閱文言文，便覺索然無味；光是應付考試，實在已抽不出身來看些自己想看的現代文學」。對此，我總是笑著表態地說：「讀書不宜分古今」！因為古文雖是隔層皮癢，不易瞭解其意；而今文又何嘗只是白描素寫、簡抒情思而已呢？尤其是就好的文學作品而言，其中皆該有著某種特殊的內涵旨寓與無數巧妙的文學技法，值得我們細心咀嚼，反覆賞味；且只要我們能經眼入心，融情入理，便每有新意，對人生極具價值意義，而讀書的美妙處便亦於此。

　　古文能歷經千百年異時異地不同審美觀念的嚴格淘洗，直到現今仍流傳不斷，必屬經典佳品。諸多文學經典固然值得我們賞味學習，唯傳統國文教學法，卻大多囿限於填鴨方式，致學生學習興趣與成效普遍欠佳。其因乃由單向式的教學法，不易使經典文本的智慧理趣與青年學子的情感經驗產生緊密切身的連結；加上古今時空環境差異頗大，學生既被定位為讀者，便似乎與作者無關，要其進一步體認作品所揭櫫的情思品格與美感情趣，對於已分立為不同專業系科的他們而言，似乎並無用處。這種無關緊要與被動式的學習心態，便是當前國文教學所面臨到的最大阻礙與挑戰。

　　筆者認為：觀想與追尋的過程，都是在賦予生命以動的方式回歸根源本質。所以，作者與作品及讀者之間，並非形滯不變、判然區分的；相反地，他們可以說是一體孕育成型的。執此之故，為改變學生偏差的學習心態，使其真正體認到文學經典豐美而又不離生活與生命情境的特質；並藉之以開拓視野、涵泳情性、砥礪思維，增進其欣賞、應用與表達中文語文的能力。筆者在大學國文課程的教學設計上，除傳授給學生基本的中文知識外，更會透過分組報告的方式，嘗試不斷地創新與活化課程內容，讓學生有機會從事不同性質單元的學習活動，例如：從小說的閱讀與改編到戲劇的表演與製作、從編寫故事到演說故事、從故事的編寫到微電影的製作等等，並於執行這些教案的基礎上，配合教育部技專校院教學創新先導計畫的推行，而在本校開設「文學經典演藝」通識興趣選修課程，期能藉之以提高學生的學習興趣，培養其自學研究與獨立思考的能力，並體現其在教學中的主體作用，達到全人教育養成的願景與目標。

二、「創作性戲劇」教學的導入：土法可煉鋼？

詩歌、散文、小說與戲劇皆屬文學藝術門類之一，尤其戲劇更是綜合性文學藝術創作的高度表現，以之作為活化文學經典課程教學的策略手段，自不失為理想的切入點，唯其仍須符應藝術創作的總體教學策略。根據黃王來（1999：31-41）對美勞科教學策略所提觀點有：討論、創造性動作、創造性戲劇、音樂與意象引導、再定義、合成、創意寫生、複式、統合美術四領域、統合美術三領域等10大策略。綜此10大策略，亦可視為藝術創作的總體教學策略，其中，所謂「創造性戲劇」（creative drama）策略：係就單元主題讓兒童演出即興式短劇；這種即興式短劇不需佈景、服飾、化妝、燈光、道具、舞臺，而由參與者決定角色、動作、情節及對話（Sike, 1977）。至於其演出內容可為現實中的故事或虛構的故事。創造性戲劇係具有情節關懷的角色扮演，以演出「狼來了」的故事單元為例，教師需先引導兒童熟悉「狼來了」的故事，然後安排故事裡的角色，再演出故事裡的內容，演出時可伴以適度的音樂。同時，也可以結合表演藝術，利用合作式的學習，來撰寫創意劇本或廣播劇。

黃氏所言創造性戲劇，亦稱創作性戲劇，根據1977年美國兒童戲劇協會（The Children's Theatre Association of America，簡稱CTAA）的定義：「創作性戲劇」是一種即興，非正式展演，且以過程為主的戲劇形式。在其中，參與者在領導者的引導下，去想像、實作並反映出人們的經驗。儘管創作性戲劇在傳統上一直被認為與兒童及少年有關，其程序卻適合所有的年齡層（張曉華，2007：44）。

將戲劇作為一種教學法的運動乃起源於法國教育思想家，盧梭（Jean-Jacques Rousseau）的2個教育理念「由實作中學習」（learning by doing）與「戲劇的實作學習」（learning by dramatic doing）。美國教育思想家杜威（John Dewey）所主張的實作學習理論，便曾引用戲劇性的方法，做了部分的教學實驗。英國教師強生（Harriet Finlay-Johnson）課程戲劇化教學及教育家庫克（Cadwell Cook）首先具體地運用於藝術課程教學，此後，戲劇教學專家便依戲劇與劇場藝術，以及教育、心理、社會、文化人類學等相關領域的教學原理，按學習的認知能力提出了各階段的學習目標，嘗試為其建置基本的理論架構，使得戲劇性質的教學方法遂在英美地區蓬勃發展起來。隨著戲劇教育理論發展漸趨成熟與多元化，美國戲劇教育先鋒瓦德（Winifred Ward）《創作性戲劇技術》（*Creative Dramatics*）才正式將學制與學習上的階段學習理論奠定下來，明言「遊戲」為 creative dramatics（創作性戲劇技術），而備受歡迎，成為初等教育創新的教學方法，可直接在校園及教室中應用。創作性戲劇教學法隨著專家學者的研究發展，目前已建立了完整的體系，普遍在歐、美、澳等西方國家實施與應用（張曉華，2007：12）。

有關創造性戲劇的完整理論架構，可詳參〈創作性戲劇教師運用之教學技巧〉與《創作性戲劇教學原理與實作》（張曉華，1995，2007）。

簡言之，教育戲劇（drama in education，簡稱 DIE），乃是運用戲劇與劇場的技巧，從事學校課程教學的一種方式。隨著戲劇教育專家的推廣與研究，戲劇用於教學的方法很多，其中以 DIE 的戲劇教學及戲劇作為媒介用於其他科目的教學，最被廣泛應用。DIE 是教師在課堂內能自由靈活運用強化教學效果的教學方法，它是運用戲劇與劇場的技巧，讓參與者在教師有計畫與架構的引導下，以創作性戲劇的即興表演，角色扮演、模倣、遊戲等方法進行，使之於彼此互動關係中充分發揮想像，表達思想，在實作過程中，以建構

式的教學模式進行學習，期使學習者可臻得美感經驗，並增進其智能與生活技能的良好表現。

基本上，教育戲劇並非以演出為取向，而是由教師在課程內容與學生互動的教學，來達到教育之目的。目前，教育戲劇儼然已成為世界各國中小學教師應用在戲劇、語言、社會、歷史與統整課程的教學主流，而創作性戲劇的操作又以在語文課程方面的教學運用最為廣泛，教師若能充分以課文中的篇章（含散文、詩詞、歌賦、小說等）為題材；配合運用觀察、傳釋、解決問題等戲劇的技巧，去進行編輯、想像、即興表演或角色扮演等活動，將可在語文課程的教學中獲得許多良善有趣的效益（張曉華，2007：432-433）。

教育部為推行九年一貫政策，在藝術與人文課程中倡導創作性戲劇，便是擷取歐美學校啟發式創作性戲劇的教學法而來。其目的即希望藉此能使傳統的教學課程更加活潑化，讓學生擺脫傳統單向思考的學習模式，從而激發其學習知識的動力，最終與歐美教育接軌。此方面課題的考述，可詳參〈九年一貫「藝術與人文」學習領域──表演藝術的戲劇教育發展〉、〈國民中小學之表演藝術教學〉、〈表演藝術戲劇教學在國民教育 10 大基本能力上的教育功能〉、〈表演藝術在「藝術與人文」領域的教學定位〉（張曉華，2000，2003，2004a，2004b）等文。

隨著九年一貫教育政策的推動，近年來，創作性戲劇活動在臺灣幼教界及中小學階段已頗受重視，並被運用於實際的教學現場中，使學習者藉之能充分發揮創意，利用肢體、語言等方式表達其內心的情緒與感受，不僅有助於提昇學習動機與成效，且能促使身心達到健康（林玫君，2007）；而將之運用於大專校院的課程中，並撰有教學技術報告或研究成果的實例雖不多見，尤其是在國文課程的教學方面為然，但觀陳秋虹（2004）〈創作性戲劇教學法在國

文教學上的運用——以道德教育主題之「孝道篇章」為例〉、蘇秀錦（2009）〈「最富於孕育性頃刻」在國文影音教學的應用——以戲劇、電影為例〉與王妙純、羅文苑（2010）〈親愛的，我把大一國文 Live 秀了！——以戲劇表演融入國文課程之教學活動設計〉等文的論述，可見此一教學法在大學國文課程中也正方興未艾，值得期待。

　　本課程相關教案的活動設計，擬透過「角色扮演→活化經典→創藝生命」的構想，雖非刻意源出創作性戲劇的教學理論，也未取鑑於前述專家學者的經驗方法而來；乃是依憑自身國語文教學的理念與經驗，自 2001 年初執教鞭起即嘗試土法煉鋼，不斷執行、改良所得。今與此學理及其發展趨勢兩相對照，誠多不謀而合，或因適處當代此一教學主流策略下影響所致，故自可以之為本教案的學理基礎，在戲劇與文學經典教學的實地現場操作中來證成其說。

三、有效課程教學結構的建置：按部宜就班

　　為能有效臻獲課程目標，提昇教師本身的教學技巧，筆者於 2017 年暑假期間曾先後參與北二區區域教學資源中心所主辦「學習者中心的課程設計工作坊」（6 月 26 日）及「eProfessor 創新教學工作坊」（8 月 14-18 日）等研習活動，活動結束後，並獲得創新教學教案製作補助。透過 2 場工作坊完善課程的規劃與安排，從中受益匪淺，習得了許多創新式的教學觀念與技巧，其中，最讓人印象深刻的便屬 BOPPPS 模組此一有效課程教學結構的啟迪了。因此，在新學期新課程的教學結構上筆者便嘗試援引之以進行建置。所謂 BOPPPS，便是將課程依起、承、轉、合切分為 6 個階段，依序為暖身／導言、學習目標／結果、先測、參與式學習、後測、摘要／總結，亦即是以「教學目標→教學行為→學習活動→教學評量→教

學目標」的循環過程操作，期達 3 效（效果、效率、效益）兼具的有效教學策略（李紋霞，2011）。底下，茲分別扼要陳述本課程在各階段實際構作的活動內容重點。

第一階段，是暖身／導言：其目的乃為吸引學生的注意力，幫助學生專注在即將要展開介紹的課程內容。故筆者便於此階段（前 3 週）設計了 12 道問題，利用雲端即時反饋系統（Zuvio）來進行有關文學閱讀與經典奧義的指引工作，藉由師生彼此間 Q&A 的經驗分享，來闡發與課程主題相關的故事理趣；並提供學習本課程的充分理由及其重要性，俾使已經學過的與未來要學的課程內容間能相互連結。

第二階段，是學習目標／結果：為使學生明確掌握學習的方向，瞭解課程的重點知識、學習價值，以及可習得的能力，筆者於此階段（前 3 週）便利用教學大綱將「角色扮演→活化經典→創藝生命」的教學目標清楚傳達；並具體告知本課程所含攝的對象是誰、將會學到什麼、在什麼情況下及學得如何等組成要件。

第三階段，是進行先測：為瞭解學生的興趣與能力，進而調整課程內容的深度與進度；並使之能聚焦於特定目的，藉此向教師表達複習或澄清的需求。筆者於此階段（第 3 週）再次設計了 5 道問題，利用 Zuvio 來調查學生實際參與演藝文學經典相關經驗的情況；並邀請 4 位專家學者現身說法（第 5-8 週），先後為學生進行本課程所含括的各個不同主題面向（閱讀→編劇→微電影→表演）的講授；再分別透過網路觀看筆者歷屆學生的作品範例《聶小倩》與《倩》，以及實地前往臺灣戲曲中心聆賞中央研究院院士曾永義教授新編崑劇《蔡文姬》後所撰寫的學習心得，來達到先測的目的。

　　第四階段，是參與式學習：筆者於此階段（第9-16週），原有意規劃分組式的報告活動，讓學生組成各別隸屬的製作團隊，自主閱讀與演藝所選定的經典作品來彼此競技，進行參與式的學習。但有鑑於選修學生的人數不多，不易分組進行，乃權衡變化嘗試顛覆傳統學習國文課程的刻板印象，改以社團方式來組織成員，依其個人志趣與專長，分別擔任社長、秘書／副社長，以及正副公關／活動長、美宣／道具長、資訊／器材長、財政／總務長等幹部，期使之能各司其職，並重視團隊合作。過程中，筆者與教學助理扮演著指導者的角色，從旁協助學生修改編寫故事腳本的工作，待劇本初稿撰妥後，便籌劃與進行戲劇影片的拍攝及製作。在猶如社團工作坊的課堂上，師生間彼此溝通討論，分工共學，提擬想法，集思廣益，從編寫故事腳本到錄製微電影的整個過程，大家都盡量撥冗努力朝著編製與創造出屬於自己新生命的文學經典作品跨步邁進。

　　第五階段，是進行後測：為瞭解學生的學習成效，及其是否真已達到本課程設定的教學目標。筆者於此階段（第17週）除在課堂上安排學生進行演藝作品的發表會，請其展示分享所學，檢測評比成果外；並將修定後的相關影音成果參與本校通識教學創新先導計畫課程成果聯展發表會。此項成發活動的報告，必須包括書面與口頭2種型式來呈現；而其成果的評量方法，則採多元的視角觀點來進行。在自評方面，乃是依照組員的個人心得與組長的總檢討，以評述其團隊自身的報告成果；在互評方面，則是由組員間彼此評述團隊報告成果的優劣良窳及其他組員參與的表現情形；在師評方面，則是根據此2種型式的整體報告，給予公平客觀的講評與成績。筆者亦會設計15道成發問題，協助引導進行評測。

　　第六階段，是摘要／總結：筆者於最後的階段（第18週），再次安排學生進行個人學習歷程檔案成果分享發表會，以回顧其各

自整學期的總體學習歷程，此學習檔案含括了其修習本課程時，足以表現學習歷程、知識成長與成效的相關作品，內容有 (1) 自我介紹。(2) 學習動機與目標。(3) 學習歷程或作業。(4) 學習心得與反思等 4 要項。筆者亦會設計 10 道課程整體學習的相關問題，進行教學意見的回饋交流；並評選出其中表現優良者，公開頒獎讚揚其努力的投入學習，以總結整學期的課程。

四、創新教學實驗的初步成果：水到盼渠成

為能確實達成「角色扮演→活化經典→創藝生命」的理想目標，筆者於課程的教學內容中，規劃一團隊分組式的報告活動，先讓學生組成各別隸屬的製作團隊，自主閱讀所選定的經典作品；並適時配合相關課題的學者專家現身說法，或實地觀賞經典作品的文藝表演；再由師生於課堂上集思廣益，彼此溝通討論，提擬想法；最後，以各種文藝型式從事經典作品的編／演、詮釋與發表。

唯適處刪減文言文課綱審議的爭議浪潮中；通識興趣選修課程的主要生源又值甫告別必修國文課程羈絆的四技二年級生；再加上同時段開設多門興趣選修課程等情況下，致選修本課程的學生不太踴躍，最後勉強成班的學生並非以四技二年級生為主，包括了二技、四技與五專等不同學制的學生，當中，境外生佔了將近半數，分別來自大陸、香港與緬甸等地，反倒呈現出其多元性。唯無論本地生或境外生，其人孤立靜默與被動的性格傾向普遍比較明顯，彼此間中文語文能力以及習得的經驗背景迥異，在書寫與口語表達上也有不小落差，致嘗試進行創新教學教案時容易使個性較羞澀或表達能力較拙劣者，因過於緊張而備感壓力。為能盡量排除其學習上所遇困難，提昇其參與興趣，乃以社團化與工作坊的組織運作模式來推動課程，期藉以凝聚彼此的向心力與參與感。

　　如此創新式的教學法，其施作的場域並不局限於課堂上，筆者為顛覆傳統學習國文的刻板印象，乃以社團化與工作坊的教學模式來進行，特別重視團隊合作，希冀學生能實際遊玩課程，並且創造出屬於自己新生命的文學經典作品。故除嘗試利用 Zuvio 進行課堂內師生彼此的意見交流與溝通外；更藉助臉書社團、Line、Google 雲端硬碟、YouTube 等多種傳媒工具，並使用 Wix 架設專屬的教學網站，作為課堂外教材提供、資訊交流、成果紀錄與典藏的分享平臺，在在都希望能確實體現出以學習者為中心的課程教學設計。

　　經過一學期師生的努力投入，總算編創與錄製出「文學經典演藝」課程的具體成果：《聊齋誌異之三世紅塵》。此部微電影乃是以《聊齋誌異》中的〈聶小倩〉與《紅樓夢》2 部經典文學作品來從事發想與編創的。透過因果報應的故事情節將相關人物三世情緣的愛恨情仇給交織、串聯起來，想要傳達男女平權、萬物平等的理念與旨趣。作品雖未臻完善，還存有不少缺失，但在有限的時間與人力資源下，最終仍然如期產出，誠已難能可貴了。底下，茲摘錄學生學習歷程檔案的心得與反思，以見其人箇中體驗的感想與收穫：

　　　老師讓我們在課堂上分享自己最喜歡的文學作品，老師會在每個同學分享完後替同學補充內容，而我分享的是《詩經‧蒹葭》，一開始認識我認為作者將主角對喜愛的卻飄渺難尋的對象的追求，也留下給讀者想像的空間。我也聽了其他同學的分享，像是〈鴻門宴〉、《聊齋誌異》、〈出師表〉、《詩經‧桃夭》等等……，其中〈出師表〉讓我最印象深刻，讓人不禁思考若是當時劉備不在白帝城對諸葛亮託孤，最後蜀國的結果還是會如此嗎？……今天給大家看了劇本的初稿，由老師和同學提出問題與自己的想法，才發現自己對於劇本的創作實在有很多不足的，需要修正的地方相當多，像是主

角戲份分配不對，還有故事細節沒有交代清楚，故事中角色應該要有連結性，才不會讓讀者有從何而來的感覺，以及衝突的地方沒有顯現出來導致故事平淡，由老師提出透過三世輪迴的方式創造連結，第一世為聶小倩、第二世為紅樓夢、第三世為現代，將聶小倩設定為第二世王熙鳳的女兒巧兒，第三世卻被王熙鳳所害而死亡，一環扣著一環才會有高潮迭起之感。……上完這堂課發現自己真的有非常多的不足，自己常常絞盡腦汁想不出內容，幸虧同學和老師的想法能讓我瞬間豁然開朗，希望能通過討論讓自己越來越進步，讓劇本越來越精煉。（張惟婷，2018）

《聊齋誌異之三世紅塵》這部微電影通過主演人物三世輪迴，時代迭起愛恨交織表達出多風多雨的紅塵路上，客來客往，人生蒼茫，千年一晃而過，人類其實一直在重複相同的故事，相同的冷暖愛恨。春蒸秋嘗，日子是一磚一瓦堆砌而成，到最後，誰也找不到哪一堵城牆屬於自己；也體現了女性地位由古至今的變化，王熙鳳的不幸代表著古代女性的不幸，也代表著迫害女性的力量，她的灰飛煙滅也代表了舊時代對女性的枷鎖也隨之灰飛煙滅。這部作品是我們小組第一次嘗試拍攝微電影的成果，在電影製作過程中，令我感觸最深的應該是我們小組團結合作的精神。當拍攝小組剛剛建立起來的時候，我們在人員分工，對微電影的拍攝方法、技巧以及對於整個影片的發展脈絡等方面都存在比較大的問題。問題接二連三的暴露迫使我們一次又一次地討論、總結和反思，在不斷的思想碰撞、意見整合和模仿改進後，我們漸漸明晰了方向，並最終順利完成了拍攝、錄音和剪輯工作。（張家瑩，2018）

聽了4場演講，將心得彙整起來。第一場是「誰有玻璃心」，雖然外表是妖怪，不被世人所接受，但其實內心擁有一顆善良美麗的心，所以妖怪並不可怕，我認為可怕的是人心險惡的人。再來第二個是「編劇的發想」，一個故事的吸引力不單只有演員精闢的演戲技巧，還有一個好的故事發想，就像我們當初怎麼從一個故事連結其他的，剛開始，很挫折，受到老師的啟發，我們才漸漸的運作起來。第三個是「微電影」，運用了幽默將我們帶入這個演講，一個影片背後有差不多1百個分鏡，而我們真正拍攝，也拍了許多分鏡。最後一個「當明清小說遇上說唱藝術」，這個演講，以敘述故事為主，看似無聊，但其實蠻有趣的，演講最後，還讓我們體驗邊唱歌邊敲玉子板。……在這部戲，擔任了聶小倩、巧兒還有現代的自己。以胎記貫穿三世情緣。劇本起先設定還蠻複雜的，本來只有一種劇情，略顯單調，難免有些枯燥乏味，後來勉強塞了2種劇情，角色連結更是一大困難，誰要轉世成誰，誰為何又會變成好人或是壞人，起先只有3人時，創意發想真的有限，幸好後來透過老師，團結了大家，我們才像一個社團互相合作互相照應。透過合作，企劃書、劇本腳本一夕之間趕出來了！再來到了拍戲，剛開始光是第一幕就花半天了，比原先預定的進度慢很多，代表計畫永遠趕不上變化，也因為大家時間都錯開，我們之間還產生了誤會，解開之後，我們的拍戲進度大躍進。拍戲漸漸讓我們得心應手，好像我們這個角色就是為我們設定的。過程中，有些相戀的畫面，難免有些親密動作，還真有點害羞，雖然我們最後完成時間有點晚，但幸好我們撐過來了，沒有半途而廢。真的謝謝這堂課，讓我擁有這些夥伴。……不知不覺這堂課也快期末，過程我們經歷了許多困難，從一開

始的懵懂到後來慢慢的進入狀況。一開始並沒有什麼壓力，
都是來這堂課放鬆，聽演講，到後來，開始要拚成果發表
的成品了，備感壓力，編劇組的劇本一直在修改，老師絞盡
腦汁替我們想了很多方案，是我們自己不積極，才導致我們
後期壓力如此大。終於，劇本定稿，開始拍攝，當然萬事起
頭難，我們也是一直遇到困難，不是笑場就是大家時間都錯
開，導致拍戲進度嚴重落後，我們也因此而吵架，但我認為
就是需要磨合才會更瞭解對方的想法。最後，我們完成了這
項大工程此次非常可貴，尤其我擔任女主角，戲份也是蠻重
的，透過作業，我的演戲功力略為提昇，謝謝這堂課，讓我
可以跟各地同學切磋琢磨，互相認識，雖然很辛苦，但是果
實卻是甜的，因為我有很多夥伴陪伴我。(游若馨，2018)

由此可見，在本課程教學理念與目標的執行策略下，學生即從
讀者的身分轉變為作者，不僅能讓傳統的經典作品因注入了現代的
新鮮元素，而使當中內蘊的情思品格與美感情趣得以活化；更能讓
技專校院的學子們，置身在向來強調「做中學，學中做」的教育環
境下，創造出屬於他們自己與生命／活交關，且獨一無二的成長印
記；培植出閱讀寫作、美感鑑賞、邏輯思辨、溝通表達、問題解決
等多元核心素養；充分感受到學思並進與知行並用的學習意義與價
值，並可具體展現理論與實務結合的璀璨效益。

筆者從事國文教學多年，長期即以此教案策略與活動融入課
程中運作，而頗見良效；今將之獨立開設成興趣選修課程，雖遇到
了不少的波折與困難，師生間的教／學壓力也大大增加，然總體而
言，一旦彼此能認真對待與用心經營，卻可激盪出無窮的教學情
趣，並得以相互增長，使大學教育的全人理念也能夠逐步地具體落
實，從而為文學經典開闢出了一條新的活路來，使之成為大家永誌

難忘的生命記憶。本課程教案活動執行後的結果，確實可收得以下效益：(1) 培養學生自主性閱讀文章的能力。(2) 訓練學生蒐集與整理資料的能力。(3) 激發學生活用經典文本的創造力。(4) 提高學生對國語文學習的興趣。(5) 強化學生面對與解決問題的能力。(6) 發揮學生團隊合作的精神。(7) 增進學生間同儕的情誼交流。(8) 開拓學生多元性的表達能力。(9) 提昇師生雙向互動的教學情趣。(10) 營造戲說文藝的校園環境。

參考文獻

王妙純、羅文苑（2010），〈親愛的，我把大一國文 Live 秀了！──以戲劇表演融入國文課程之教學活動設計〉。《新竹教育大學教育學報》。第 27 卷第 1 期。頁 161-191。

李紋霞（2011），〈有效教學結構：BOPPPS 模組〉。《臺灣大學教學資源網》。網址：http://ctld.ntu.edu.tw/fd/teaching_resource/page1-1_detail.php?bgid=1&nid=71。

林玫君（2007），《創造性戲劇理論與實務：教室中的行動研究》。臺北：心理。

陳秋虹（2004），〈創作性戲劇教學法在國文教學上的運用──以道德教育主題之「孝道篇章」為例〉。《正修學報》。第 17 期。頁 53-69。

張家瑩（2018），《「文學經典演藝」通識課程學生學習檔案》。臺北商業大學通識教育中心。未出版。

張惟婷（2018），《「文學經典演藝」通識課程學生學習檔案》。臺北商業大學通識教育中心。未出版。

張曉華（1995），〈創作性戲劇教師運用之教學技巧〉。《復興崗學報》。第 55 期。頁 57-87。

張曉華（2000），〈九年一貫「藝術與人文」學習領域──表演藝術的戲劇教育發展〉。《翰林文教雜誌》。第 15 期。頁 38-51。

張曉華（2003），〈國民中小學之表演藝術教學〉。《國民教育》。第 43 卷第 6 期。頁 56-65。

張曉華（2004a），〈表演藝術戲劇教學在國民教育 10 大基本能力上的教育功能〉。《臺灣教育》。第 628 期。頁 29-38。

張曉華（2004b），〈表演藝術在「藝術與人文」領域的教學定位〉。《國民教育》。第 45 卷第 2 期。頁 15-21。

張曉華（2007），《創作性戲劇教學原理與實作》（增修 2 版）。臺北：成長文教基金會。

游若馨（2018），《「文學經典演藝」通識課程學生學習檔案》。臺北商業大學通識教育中心。未出版。

黃壬來（1999），《國小美勞科教學研究》。臺北：五南。

蘇秀錦（2009），〈「最富於孕育性頃刻」在國文影音教學的應用——以戲劇、電影為例〉。《國文天地》。第 288 期。頁 60-64。

第三編
在地創新行動

第七章

走讀見學：
旅行故事與影像賞析

林盈鈞
國立臺北商業大學通識教育中心副教授兼圖書館館長

「旅行故事與影像賞析」曾獲教育部教學創新先導計畫補助。作者為中央大學中國文學博士，在北商技術學院時期擔任通識教育中心主任，並曆任圖書館館長多年，其「大一國文：傳記與生命教育」課程曾獲教育部優質通識課程計畫，106 學年度獲臺北商業大學「教學優良獎」。

> 遠方的大鼓聲
> 邀我作漫長的旅行
> 我穿上陳舊的外套
> 將一切拋在腦後
> （土耳其古老歌謠）
>
> ──村上春樹

一、走向世界，聆聽遠方的鼓聲

日本著名作家村上春樹在《遠方的鼓聲》說：「有一天早晨醒來，側耳傾聽時，忽然覺得好像聽見遠方的大鼓聲。從很遙遠的地方，從很遙遠的時間，傳來那大鼓的聲音。非常微弱。而且在聽著那聲音之間，我開始想無論如何都要去作一次長長的旅行」（村上春樹，2000：17）。於是村上春樹在他的 37 歲至 40 歲的 3 年之間，離開日本去國外旅行，行跡跨越希臘、羅馬、義大利等歐洲城市。旅行激發了作者的創作思維，因此村上春樹完成《挪威的森林》、《舞・舞・舞》2 本長篇小說。

我們的耳邊是否曾經響過隆隆震耳的鼓聲，召喚我們踏上旅程，來場生命的驚奇？那是少年的嚮往或者第二個 20 歲的夢想？

旅行在人類歷史上從未缺席，基於貿易、宗教、戰爭、教育、政治等等因素，產生無數的旅行活動與紀錄。例如《馬可波羅遊記》乃威尼斯人馬可波羅（Marco Polo）從威尼斯出發至亞洲又從中國返回威尼斯旅遊的經歷。又如《大唐西域記》，為唐代著名高僧玄奘口述，門人辯機筆受編集而成。為玄奘遊歷印度、西域旅途 19 年間之遊歷見聞錄。或如明代徐霞客自 22 歲（1607 年）開始旅遊，直到去世前 1 年（1640 年），足跡遍布中國，文字紀錄構成遊記，上述例子皆展現了偉大旅行者的胸襟與寬闊的視野。

　　進入現代，旅行儼然已經成為臺灣的全民運動，隨著社會日漸開放且跨界活動流行，旅行既是現代人的主要休閒活動，並且帶動發展出一些嶄新形式如打工遊學、志工旅行、文化旅行、教育旅行、產業觀光等等，超越休閒消費的目的。旅行風潮帶動「旅行書寫」（travel writing）成為重要日常傳播活動，舉凡電視旅遊節目與新聞報導、平面媒體的旅遊專屬雜誌或書籍等成為大眾喜歡的閱聽主題。伴隨網路新科技興起後，旅行使用手機拍照，並立即上傳、立即分享與取得回饋的傳播方式，使旅行書寫成為作者與讀者共享的媒介。這種以影音、圖像、文字結合的方式，甚至直播的形式，使旅行書寫的數量激增，引發像臧國仁、蔡琰學者研究旅行敘事的傳播現象。

　　關於旅行之基本定義，大抵以「身體從某地區到另外地區，去又復返的移動歷程」。此定義指涉旅行必須有主體的身體移動，從出發到歸返的歷程，準此，神遊或利用網路電視等的閱聽各地風光都非旅行。旅行的類型當然包括休閒觀光，較強調身心放鬆與消費功能，但是胡錦媛則認為旅行的最高境界「便是旅行者跨越自我（the self）與（在旅行中相遇的）異己（the other）之間的疆界，將封閉固著的空間轉化為自由開放，帶著差異回返家鄉」（胡錦媛，2013）。據此，旅行有助於認識自己，認識自己與社會環境的互動關係。

　　雖然影音傳播發達且立即性高，但是旅行仍得伴隨身體移動且根植於現實經驗與實踐，因此旅行變成相當具有實踐性的意涵。其次旅行除了是身體的移動，更重要的是心態的轉變，胡錦媛：「遠足出發、離開自己、迷路回家」是一個最佳的旅行方式，先要能離開自己，才可能探險，之後，帶著差異回家。只是「我」已不全然是原來的「我」；「家」也不必然是原初的「家」（胡錦媛，2013）。

通過旅行經驗的省思，讓自己能夠有所改變，變成更好的自己，同時理解世界的多元面貌。

（一）在旅行中成長，遇見更好的自己

旅行的意義正是如此豐饒，旅行課程則賦予了實現通識教育的理想，檢視教育部通識課程資料庫，以旅行為主題的課程超過百門課以上，並且持續的開課中，熱情的教師希望通過旅行課程達到通識全人教育的理想，如陳昀昀所說：「不僅有助於提昇學生的審美能力，對培養學生具備現代化思維、多元化觀點，以及整合性認知都有極大助益」（陳昀昀，2008）。尤其在全球化時代，培養國際觀與多元視野之重要性更加急迫。

將旅行與教育目標結合，可以借鑑西方壯遊（grand tour）與日本的修學旅行。壯遊原是指流行於歐洲的一種透過長途跋涉的旅行而進行的成年儀式。現在有更外延的意義，「壯遊」是胸懷壯志的遊歷。近代西方青年在升學之後開學之前、或者畢業之後工作之前，所做的一次長期旅行。日本的修學旅行最早為 1882 年（明治 15 年）栃木縣第一中學校（現在的栃木縣立宇都宮高等學校）的學生由教師帶領參觀「第二回勸業博覽會」、1886 年（明治 19 年）東京高等師範學校（現在的筑波大學）的「長途遠足」創造長達 11 天的修學旅行紀錄。至於臺灣從日治時期各校也有修學旅行。無論壯遊或修學旅行，都是借重旅行的方式增廣學生或年輕人的見聞，體察風土人情。而據教育部青發署「壯遊體驗學習網」的成立宗旨：「本署推動青年壯遊體驗學習，鼓勵青年走出教室與舒適圈，跳脫原生活範疇，以非正規教育之壯遊體驗學習方式引導青年認識瞭解臺灣不同面向，增進對這片土地之熱情與關懷，亦透過壯遊體驗學習過程引導青年反思學習，培養青年獨立思考、適應力、應變

力、解決問題等多元能力，爰推動壯遊體驗學習各項計畫」。可見政府相當重視旅行對學生的成長之助益。

大學生想要做什麼？大部分的大學生其實還很茫然，需要通過各式各樣的探索來找到自己的天賦與熱情所在，蘇格拉底說未經省察的人生沒有價值，這是哲學家對哲學的回答：怎樣探索人生的意義，過一個有意義的人生。哲學的本意就是愛智慧，需要不斷的探索。旅行就是探索生命的重要方式，不是對外在事物的執著與追求，而是對內在自我的認識與省察。

基於以上所述，既然旅行可以帶給學生生命的成長與啟發，因此設計一門以旅行為核心概念的課程便成為陣陣的鼓聲在耳邊喧囂，鼓勵教師引導學生藉閱讀旅行文本，開啟探索世界的窗口。

（二）走讀見學接地氣的旅行課程

但是旅行是否一定要眺望遠方？以旅行來認識世界上不同國家可以達到國際化的教育目標，除此之外，所謂的旅行並非離開國境，旅行的探索起點，應該包括從自身所處的地方開始，尤其是臺北這座城市，旅行如果是為自己找到世界的中心，遙遠國度，反而忽略生活周邊的環境，因為太熟悉反而可能習而不察、視而不見，如蘇碩斌（2010）在《看不見與看得見的臺北》一書中說明空間生產技術如何影響臺北，如何左右我們對臺北的印象，因此這門旅行課程嘗試讓學生多瞭解臺北城的歷史，讓旅行能夠接地氣。

至於課程的教授方式打破單一教師的課程教授，安排不同的講者到課堂來分享旅行的各種面向，讓學生認識旅行的多元化，激發學生探索的熱情。再者，如同前面所述旅行有關的文學文本、影音文本、社群網站以及各種科技的展現，如果只停留在對這些旅行

文本的認識，缺乏溫度的交流，旅行變成只是冰冷的知識甚至資訊化。因此設計「走讀見學」的活動，朝向將實踐性的經驗內化為有溫度的知識感。

統合上述，「旅行故事與影像賞析」這門課程在教材準備方面，製作教學簡報，提供課前與課後的補充知識。聘用教學助理團隊，包括課堂跟班、課後回應同學與整理同學作業報告、製作演講簡報與成果、實地踏查臺北、利用假期實踐自助規劃行程並進行旅行活動，利用通訊方便的 Line 群組隨時與老師、教學助理討論課程的進度與狀況等，並安排專題演講能與課程內容相結合。走讀見學落實在走出教室離開校園的導覽講解活動以及學生期末分組旅行報告。基於上述的思考，旅行課程的理念乃希望通過旅行課程讓學生更深入瞭解在地文化與擴展國際視野，融合知識面與體驗面的見學走讀方式，以增廣學生的人文與美學底蘊。課程安排 6 位學者專家共進行 7 場課堂演講：高傳棋老師「如何畫臺北城」、陳俊男先生「用鏡頭寫我的旅行日記」與「文化產業觀察」、蘇聖珠老師「世界探索是一門大學必修課」、顏艾琳女士「在臺北，好好迷路」、陳思妤小姐「旅行看世界」、林祺錦建築師「建築旅行」與 3 場校外走讀與 1 場搭乘觀光巴士活動，課程助理也參與研習大稻埕走讀活動，錄製以學校為中心、捷運為工具的輕旅行紀錄，既增強教學助理的知識，更能協助學生進行旅行見學實踐參考。希望藉由這些旅行相關故事的導讀與實際的走讀體驗讓學生對旅行與自所處的城市有更深度的認識。

同時擬定每次旅行活動後的書寫紀錄以及分組報告的公開分享交流，以實踐「書寫旅行故事」乃是「知識與經驗融合的學習方式」的理念。藉由旅行與旅行故事的書寫，引導學生學習自我與世界的對話，學習自我主體性與社會、文化等客觀環境的交流對話，

找到自己的世界中心，發現自己生命的意義。

二、閱讀我城／知識文本的凝視與對照

（一）借遠方映照自己的所在／京都

　　褚士瑩說成為旅行者是這生中最好的決定，又說如何擁有旅行魂（travel awakens my soul）？需要不斷的練習，練習就從這個城市的探險開始，因為褚士瑩認為旅行不是浪漫的出走，是在日常生活的每一刻，埋下旅行魂的種子，在自己生命發芽生根茁壯（褚士瑩，2015）。他認為旅行者有 3 個特質：喜歡旅行、對未知的世界充滿好奇心、充滿信任與責任感能夠把自己放心交給陌生人（褚士瑩，2015：15）。作為實踐者而言，已經旅行過 1 百多個國家的經歷，褚士瑩的觀點確實值得省思。

　　從踏上旅行那刻所記錄的圖文影音，無非在敘說一個旅程的故事，主角在旅行中所遭遇的人事物，不單經驗的描述且涵蘊反思與觀照。

　　卡爾維諾（Italo Calvino）《看不見的城市》（*Invisible Cities*）是閱讀城市的經典之作。敘述馬可波羅來到年邁的忽必烈大汗的宮中，向大汗講述他在帝國內遊歷的城市與見聞。本書故事以年輕威尼斯商人馬可波羅，向大汗忽必烈敘述他所遊歷過的每個城市為主軸，串聯出各種故事。但是城市的真實面貌常常是隱藏遮蔽的，因此我們要從各種角度把握各種細節來重新認識城市。換言之，我們追隨的不是雙眼所見的事物，而是內心的、已被掩埋的、被抹掉了的事物。

　　這正是旅行在地化的意義，如何看見我們看不見的？從哪裡開始？毫無懸念應該從我們所在的臺北開始，但是要談臺北之前，先從日本京都說起，作為對讀的城市，從凝視京都而發現我們對臺北其實是陌生的。對旅人而言，我們熟悉的往往是遠方的國度，春日賞櫻、秋日賞楓、夏日踏遊、冬日賞雪，臺灣對日本一直有濃濃的櫻花夢，從地理、政治到文化，歷史的淵源將臺灣與日本結下深深的關聯。

　　據交通部觀光局的數據顯示，日本於 2016 年躍居國人海外旅行的第一名，無論基於現實的假期限制或者經費考量等客觀因素，日本旅行在歷史文化與充沛的資源條件，讓國人對日本相當滿意。

　　長期以來日本的動漫故事流行文化帶給年輕人熟悉感，以前稱為哈日族如同現在的哈韓族一般，年輕人受到流行文化的影響，進而希望去日本或韓國旅行。以日本為例，新海誠《你的名字》2017 年賣座冠軍，身體互換的故事開啟無限的想像與探索，劇中「你會哭著笑，笑著哭，是因為你的心，早已超越了自己啊」，又「當我們相遇，一定能一眼認出對方」等台詞，吸引廣大的影迷。劇中場景如東京都澀谷區千駄谷代代木大樓、須賀神社、新宿車站、東京國立新美術館、青島、飛驒古川站、飛驒山王宮、日枝神社、諏訪湖等也成為影迷朝聖之處。這就是呼應電影作為一種快速化與全球化的文化產業，伴隨著政府觀光局的策畫，搭架起攝影、文化行銷、文化遺產、文學、旅遊生活頻道、網路影音串流等共構成日本旅行的熱潮。

　　到日本旅行，京都向來為熱門城市，它本身的深厚歷史文化所交織而成的古典之美，吸引無數旅人的留戀。因此旅行前事先多認識京都的歷史文化，將使京都旅行經驗深刻豐富，增廣見聞，形成知性與感性交融的記憶。

　　京都的入門書對年輕人而言，安倍晴明應該不陌生，安倍晴明是平安時代有名的陰陽師，從鎌倉時代至明治時代初期統轄陰陽寮的土御門家始祖。因為夢枕獏的小說《陰陽師》改編成電影大受歡迎，因此位於京都的晴明神社吸引不少朝聖者。

　　而催淚純愛電影《明天，我要和昨天的妳約會》，整部電影以京都為背景，拍攝手法十分唯美動人，讓人重新去認識、發現京都的美感。這部電影改編自七月隆文的同名小說，由福士蒼汰與小松菜奈所主演，敘述著一段2個不同世界交錯的神奇愛情故事。劇情故事的鋪陳，將2個不同宇宙以螺旋曲線、反方向的方式進行，因此造成了2個宇宙每隔5年就有交會的機會，當2人都是20歲時，他們終於邂逅相戀，譜出星光般燦美卻短暫的愛情故事。千年古都——京都的美景是電影的重點，從左京區的叡山電鐵、鴨川跳石、澡堂咖啡店，以及寶之池等地點，都成了電影中故事發展的場景，絕美的愛戀要有絕美的京都為發生的場所，這些景點將成為京都愛好者旅行的新路線。

　　日本的文學或電影將京都變成文學文本的召喚結構，使京都具有一種召喚讀者閱讀的結構機制。如伊瑟爾（Wolfgang Iser）主張作品的意義，只有在閱讀過程中才能產生，它是作者與讀者相可作用的產物。簡言之，文學作品是一個充滿未知和空白的並需要讀者在閱讀中來加以彌補的未定結構，文本喚起讀者的閱讀期待並在閱讀中使之不斷更新。因此當我們閱讀有關京都的電影或文學，我們實際走訪這些場景，與它進行了對話，不是驗證文本而是我們的觀看重新賦予意義，京都變成了豐富的文本，提供旅行者多元不同的啟發。

　　從文學角度認識京都，藉由文字的細膩描寫、情節的鋪陳與故事的帶動，培養更敏銳的眼光。例如紫式部繁華的平安京、川端康

成夢中的古都、三島由紀夫的金閣寺、渡邊淳一的祇園。京都彷彿是一座舞臺,千百年文學的故事在這裡上演。

如果以京都當地人的眼光來敘述,壽岳章子京都三部曲《千年繁華》、《喜樂京都》、《京都思路》這 3 本書,描述的便是作者壽岳章子生於斯、長於斯,對京都的那份戀戀情深;從居住、衣飾、飲食與精神生活,娓娓寫來,京都的悠悠歷史、濃厚人情、街巷光景⋯⋯點滴扣動人心。若以外來旅行者的眼光來認識京都,京都的風貌呢?林文月(2019)《京都一年》乃作者 20 多年前遊學日本,居住於京都 10 個月之間的散文作品,異鄉者眼光下的京都仍然具有物哀之美。

陳銘磻則從旅行文學角度結合經典與文學地景的寫作方式陳述金閣寺、上賀茂神社、左大文字山、往比叡山等在「洛北・左京區」;伏見稻荷大社、三十三間堂、東寺、羅城門跡等在「伏見區」;嵯峨野、嵐山、太秦等在「嵐山・右京區」;《源氏物語》古典小說的文學景點在「京都府宇治市」;還有,坐落不少知名古蹟地景,如:清水寺、八坂神社、知恩院、銀閣寺、南禪寺、平安神宮、哲學之道、本能寺、幕末遺址等,都在繁華的「上京區」、「中京區」、「下京區」、「東山區」和「南區」,京都耐人尋味的文化與美食景點,多到不勝枚舉(陳銘磻,2012)。

(二)我城的前世今生

從動漫、小說到電影,吸引多少的仰慕者去京都朝聖,甚至將日本京都與臺北之間串聯,朱天心(2002)的《古都》將兩者結合在一起,書寫臺北都市的經典之作。作者借用川端康成(2015)描寫京都的小說《古都》之名,挪移至 20 世紀末期的臺北城,以京都的安靜、古老和永恆,對比於古蹟一一消失,臺北城市的歷史被

改變與消失。朱天心的《古都》，已是 20 世紀臺灣文學的經典，創造臺北多重的身世，從異國城市凝視另一座城市的今昔哀感，展現小說時空無限自由編織幻化。

認識我城，白先勇的《臺北人》當為經典之作。題材皆關於五〇年代從中國大陸來臺灣的形形色色人們以及他們的生活。描寫大陸遷臺外省族群在臺北的生活，其中〈孽子〉的場景正是當時新公園現在的二二八和平公園。小說讓我們從不同的角度思索著人與城市、人與時間、人的自我存在的問題。

文學是時間與空間的凝結，閱讀則是召喚記憶的旅行。至於電影中的臺北，呈現更多臺北的面貌。例如《一頁臺北》，是一部以臺北為題材的浪漫愛情電影，內容講述男主角小凱，想要離開臺北到巴黎，與前女友見面。就在準備前往巴黎的前夕，巧遇誠品書店店員 Susie，引發在臺北一夜的浪漫歷險。電影中 2 人在臺北街頭、師大夜市、臺北捷運、大安森林公園、戀人旅館等等地方的遭遇所引發的一夜浪漫故事。電影《向左走‧向右走》由幾米的繪本作品《向左走‧向右走》改編而成，在臺北拍攝、北投公園噴水池、北投溫泉區、貴子坑生態教育園區、西門町徒步區、臺北捷運北投站 4 號月台等等，是男女主角常常錯身而過的地方。《艋舺》大致描述八〇年代臺北市艋舺地區黑幫兄弟與慘綠少年們的愛恨情仇，《艋舺》場景主要在臺北市萬華區的艋舺清水祖師廟。《大稻埕》則是某大學生失戀之後，被歷史系朱正德教授的引導，掉入時光隧道，回到大稻埕——二〇年代日治時期臺灣最繁華的第一鬧區。

當我們通過閱讀有關臺北的文學或電影，然後踏上認識臺北的旅程，臺北的多重面向將讓我們從看不見到看見，我們將穿透城市的表層，挖掘底層的精神。如此一來，我們或有可能重新熟悉我們的城市，將眺望遠方的眼光也關注到我們的城市。

三、有深度與溫度的體驗之旅

（一）可以觸摸的歷史與所在

Some journeys change mankind forever！（有些旅程，永遠改變了人類的未來）原係美國太空人阿姆斯壯（Neil Armstrong）於1969年登陸月球之感言（臧國仁、蔡琰，2011：45），我們對走讀見學活動的期待，期待對學生自己能有新的啟發，踏上認識自己、認識自己所在的旅程。

旅行課程走讀活動與分組旅行是體驗式學習法的教學實踐方式援引西方教育家杜威教育理念，教育需與生活結合，教育需有經驗的參與，惟有透過個人在活動中充分參與，來獲得個人的經驗，並進行反思、以及與其他同學老師的交流中逐漸形成自我的信念（國家教育研究院，2000）。

旅行所採取的走讀見學方式，透過導覽過程中導覽老師與學生雙方的互動、分享，啟發學生對一個地方產生不同角度視野，屬於深度旅遊的方式，使學生親自與臺北街道風景建築等接觸，產生省思與情感的連結，換言之，使人的主體性得與所在空間產生對話，同時激發出新的意義。而走讀的好處，如陳智遠評論《台北城市散步：走過，不路過》：「要瞭解一個城市，我始終認為最佳的方法是用雙腳認真地遊走街道，仔細觀察城市裡形形色色的人們，並用心地感受及欣賞街上每一個細節」（台北城市散步，2017：9）。因為不同的行動之遲速影響我們觀看的方式，所得到的經驗與感受自然不同。

準此，在教室安排多場演講，包括認識臺北的前世今生的故事、臺北的巷弄漫步、建築旅行、產業旅行、遊學旅行等各種旅行

的多樣內容，以教室提供知識交流的平臺，激盪出心靈、知識、情感的火花。同時走出教室，實際認識這座城市。實踐走讀見學，貼近生活，化知識為實踐之可能，激發學習興趣。

　　正如伊朗俗諺：「一個沒有知識的旅行者等於一隻沒翅膀的鳥兒」。因此踏出教室的走讀之前對於臺北的前世今生應該先有基本的認識。因此安排共讀《台北城市散步：走過，不路過》這本書的內容，包含臺北的過去、現在、未來，從淡水河與新店溪開始，再提到 3 大聚落（艋舺、大稻埕、臺北城內）的歷史發展脈絡。現在則盤點各種文化資產，讓文化資產不應該是負擔，而是深化臺北品牌形象的關鍵；認真面對臺北的外表與內在。而未來則通過各種主題和社會議題、用不同視野看臺北，讓一般人都能參與這座城市的發展與未來想像，形塑臺北的未來面貌與獨特性格。只有引導學生閱讀這本書，對臺北的前世今生有了基本的認知後，才算有了適當裝備來上路。

　　依蘇碩斌的觀點，完整一個現代臺北市的出現，並非人口增加、市地擴張的自然結果，而是現代權力在空間上運作的社會產物。他說明臺北如何從 3 個市街（艋舺、大稻埕、城內）變成一個城市的故事（蘇碩斌，2010）。因此為了深化學生對學校所在的區域之歷史與人文之認識，構思西門町與萬華、學校周邊、大稻埕的走讀活動，並且設計走讀與搭乘觀光巴士的 2 種差異化方式希望讓學生體驗，另外安排學生搭乘觀光巴士遊臺北的活動。

　　萬華區（昔日稱作「艋舺」）因港口貿商之利，曾經盛極一時，於清治時期，與臺南府城、彰化鹿港並列為 3 大重要城市，有「一府二鹿三艋舺」之稱。現在有許多古蹟與老社區，以及年輕人喜歡的西門町。

　　大稻埕本來原為巴賽族圭武卒社的所在地，清咸豐年間漢人開始至此開發。因居民在此地設立公共的曝稻大埕，供稻米收成時曬穀，平時則為農產品交易場所，故以大稻埕為名。1858 年（咸豐 8 年）清朝於第二次鴉片戰爭戰敗，清政府同英國與法國簽訂《中英天津條約》與《中法天津條約》，其中規定對英法兩國開放安平、鹿耳門、鹿港與淡水作為通商口岸。1860 年（咸豐 10 年）淡水港正式開埠，實際卸貨的口岸則包括艋舺與大稻埕，但因艋舺河道日漸淤積，大稻埕逐漸取代其北臺灣商業中心的地位。當時英、美等國商人在此成立洋行，以大稻埕為中心，進行茶、糖與樟腦等物資的國際貿易，使大稻埕經濟繁榮富裕。大稻埕目前從南北雜貨貿易、藥材行、茶行等蛻變為文創產業區，吸引觀光客到此一遊。

　　北商大前身之「臺北州立臺北商業學校」原位於臺灣總督府內，1924 年校舍搬遷至幸町新建之校舍。歷經時代的變遷，現已改制升格為臺北商業大學。當時幸町為日治時期日人居住之地，範圍約今中正區之濟南路、青島東路、徐州路、臨沂街附近，區內中央政府機關林立。學校所在的幸町位於樺山町之南，當時町內設施臺灣總督府中央研究所，略稱中央研究所（現教育部）、幸町教會（現濟南基督長老教會）、臺北第二高等女學校（現立法院）、七星郡役所（現立法院青島第二會館）、開南工業學校（現開南商工）、臺北第二中學校（現成功中學）、臺灣總督府高等商業學校（本為臺灣大學社會科學院，現已經遷回臺大公館校區）、幸町市場（現幸安市場）、幸町職務官舍群，可見自日治以來迄今，北商大位居政治、教育文化的核心地區，深蘊歷史文化的厚度。[1]

　　舉例而言，學校周邊現在包括齊東詩社與李國鼎故居為城東

1　有興趣讀者可參閱北商大校史館網站介紹（http://digitalarchives.ntub.edu.tw）。

文化注入活水。齊東詩社位於臺北市濟南路二段 25 及 27 號的 2 棟建築，原本為日治時期安置職員及官員所興建的宿舍，戰後為國民政府官員宿舍。25 號建築由當時中央銀行委員周彭年居住，27 號建築則是臺灣第一位空軍司令王叔銘將軍故居。後來臺灣文學館負責，詩是淬鍊的語言，詩展現生活的美學，將日式宿舍轉變為文學場域，為詩的文藝復興之場所。[2]

李國鼎故居，位在臺北市中正區泰安街 2 巷 3 號，曾為李國鼎先生所居，現為臺北市文化資產。李國鼎先生是一位政治家兼經濟學家，曾任我國經濟部及財政部部長，在任時推動許多經濟建設，被譽為臺灣經濟奇蹟的重要推手。他的故居現為紀念館，供世人參觀並可以懷念其對國家的貢獻。

從上述例子可以佐證城市與建築在人類文明發展的過程中，被視為珍貴的文化資產原因，因此城市中的歷史建築，即使毀損破舊的斷垣殘壁，蘊含歷史文化，值得我們用心瞭解與保護。

（二）聆聽故事、打開心眼、看見所在

這次見學走讀活動的帶領人特別邀請高傳棋老師，仰仗他家族在南萬華世居 300 多年，是名符其實的在地達人。曾發表過 70 多篇歷史地理、臺北生活文化、廣告創意時代等文章，以及 40 多本相關著作，並且有豐富的導覽經驗，課程活動他規劃的走讀行程共 2 次：

第一次：臺北城的時空演變→萬華區史館→臺北城古地圖拼拼看→城裡內外長沙街→衡陽路沿線產業調查→建築物走讀→東三線特展。

---

2 請見齊東詩社網頁（http://qidong-poetrysalon.nmtl.gov.tw）。

第二次：真耶穌教堂→齊東街→臺北琴道館→永泰西服→齊東詩社→華僑大舞廳→巷裡巷外→漸漸咖啡廳→市長官邸→臺大社科院。

學生在走讀後都留下豐富的心得感想，彷彿好像走進時光隧道，更加地認識有關臺北城的歷史。日常生活所經過的地方原來有著各種故事，藉由老師的導覽解說，同學實際的聽解、接觸，對城市的歷史發展產生更深的認識。

至於學校周邊走讀，提供學生重新認識學校的生活圈，1棟建築、甚至1棵樹都是活的歷史，腳踏實地去走過一遍，方能培養感情、激發傳承的意願。選修這門課的同學對走讀活動都持高度的肯定，咸認為是有溫度有感情的學習方式。

旅行的方式多樣化，為了增加更多的體驗，也安排搭乘觀光巴士遊臺北的活動，從學校出發到外雙溪的國立故宮博物院，學生表示搭雙層巴士遊臺北是第一次的初體驗，在車子移動中，風的吹拂、陽光的照耀下，臺北成為流動的風景，美好的饗宴。

所有旅行經驗都要回歸旅者自己的感知與反思，透過個人內省以體驗隱藏於旅程裡的意涵。因此將旅行經驗加以書寫涵蓋文字、照片影音，而最後同學自行規劃、實地旅行，並以分組報告達到團隊合作、討論、交流、實踐，並加以整合呈現，最後分享完成傳播交流的意義。分組的主題包括淡水朝聖之旅、清青草原境情遊玩、重溫夏一個綠島、小資遊玩之旅——松山文創園區、剝皮寮一日遊、臺北直直撞——旅行手札、三峽半日遊、剝皮寮之鄉土文化懷舊之旅、九份、瑞芳之旅、陶都札記等。綜合學生的心得與報告，大抵認為旅行幫助他們對周遭環境有更深的瞭解，同時激發他們思考自己未來的生活規劃，將旅行變成生活學習的重要方式。

四、在旅途上

　　旅行帶給我們休閒、放鬆、療癒、成長等滿足，但是嚴格來說旅行大抵並不輕鬆，反而旅行造成身體的疲累，但也在疲累後方能獲得真的知識與喜悅，旅行所以讓人樂此不疲，應該是旅行經歷中的身心靈挑戰，比起在手機螢幕上輕鬆滑一下，被許多圖文海量資訊淹沒，所得到的感受不同，因為旅行可以說是五感的體驗，而旅行所實踐獲得的知識與情感，更是具有溫度的。[3]

　　當然旅行不只是看風景，走馬看花，只得到膚淺的印象，而是經過深度的省思，引發我們對於生活的想法，甚至產生改變。從旅行經驗可以發覺自我與空間的對話，在這對話中尋找自我與存在意義。

　　我們踏上旅程，勇敢逐夢，留下紀錄與他人分享，同時在觀看他人的旅行故事時，省思自身的經驗。對於大學生而言，非常值得在大學生活中安排旅行見學活動，將有益於自我的認知與生涯的探索，如果無法遠渡重洋來趟壯遊，至少從我城臺北探索開始，因為旅行在某種程度而言是找到回家的路，回到內心之路，認識自己與在世界的位置。

　　去旅行吧！

3　備註：感謝所有參與這門課程的演講者、修課同學們，陳怡璇、陳東昇、王玥涵、林歆恬、黃毓芳、魏士淵、張哲瑋等計畫助理的協助。

參考文獻

川端康成（2015），《古都》（川端康成諾貝爾獎作品集3）。唐月梅譯。臺北：木馬。

卡爾維諾（1993），《看不見的城市》。王志弘譯。臺北：時報。

台北城市散步（2017），《台北城市散步：走過，不路過》。臺北：奇異果文創。

朱天心（2002），《古都》。臺北：印刻。

村上春樹（2000），《遠方的鼓聲》。賴明珠譯。臺北：時報。頁11。

林文月（2019），《京都一年》（修訂3版）。臺北：三民。

胡錦媛編（2013），《臺灣當代旅行文選》（增訂版）。臺北：二魚。

教育部「壯遊體驗學習網」。網址：http://youthtravel.tw/index.php。

陳昀昀（2008），〈「文化與文學——旅行文學」課程設計實例探討〉。《2008通識教育學術研討會：通識教育核心課程之創新規劃與實踐論文集》。屏東：美和科技大學。

陳銘磻（2012），《我在京都尋訪文學足跡：帶你尋訪京都美麗與哀愁的文學地景》。臺北：樂果。

國立臺灣文學館「齊東詩社」。網址：http://qidong-poetrysalon.nmtl.gov.tw。

國家教育研究院（2010）「雙語詞彙、學術名詞暨辭書資訊網：杜威」。網址：http://terms.naer.edu.tw/detail/1305816。

褚士瑩（2015），《旅行魂 Travel Awakens My Soul》。臺北：大田。

臺北商業大學「校史館數位典藏平臺」。網址：http://digitalarchives.ntub.edu.tw。

臧國仁、蔡琰（2011），〈旅行敘事與生命故事：傳播研究取徑之芻議〉。《新聞學研究》。第109期。頁43-76。

蘇碩斌（2010），《看不見與看得見的臺北》（修訂1版）。臺北：群學。

第八章

開創在地新價值：
體驗臺灣族群文學與文化

蔡美惠

國立臺北商業大學通識教育中心副教授

「臺灣族群文學與文化」曾獲教育部公民核心能力課程計畫補助。作者為臺灣師範大學國文研究所博士，主辦文學季多年，每年春天為學生提供文學發表盛宴，曾獲臺北商業大學優良教師肯定，並以「臺灣城市族群文化與文學發展」作品，獲 107 學年度臺灣產業個案教材獎勵「佳作」。

> 一個族群之存在與否，不在政治，不
> 在經濟，也不在國界；族群之存在，
> 繫乎文化；唯有文化活著，族群才活
> 著。族群有如花簇，因包容而繁華。

一、學習本土文化，培育現代素養

文化學習為現今教育重要的議題，文化是人類生活的表徵，文化遺產及文獻紀錄是世界的記憶，然而這些記憶中有許多獨特精彩的片段正在毀損滅絕中，消失後永不復存。為了維護、保存、宣揚與傳承文化，並反映人類語言與文化的多樣性，文化之保存、記錄與宣傳有其不可磨滅的重要性，因此本課程是人文通識教育甚為重要的學習。

（一）創造在地文化的高價值

臺灣於 2005 年修訂《文化資產保存法》，首次將「文化地景」納入文化資產的保存項目，並為其定義為：「文化景觀指神話、傳說、事蹟、歷史事件、社群生活或儀式行為所定著之空間及相關聯之環境」。可知神話、傳說、事蹟、歷史事件、社群生活或儀式行為，是文化地景的外顯表現形式，其精神與意涵，則為常民生活的流傳核心。文化地景研究的重心即為常民文化，亦即流傳於民間普羅大眾的文化。常民文化，亦即庶民文化，乃當地各族群生活文化融合之後，所鎔鑄創生的大眾生活文化（吳瑞荻、蔡美惠，2010）。

臺灣常民文化，因特殊的歷史背景、地理環境、社會型態與族群生活等因素，逐漸鎔鑄成多元豐厚且獨具特色的文化。臺灣常民文化是最貼近生活、最具生命力的文化，也是一切文化的根柢，值得我們用心研討與學習。族群問題向來是臺灣的大問題，但「族群有如花簇，因包容而繁華」，不僅要珍惜、發揚自己族群的文化，

也應尊重並宣揚他人的文化。因此希望透過臺灣族群文學與文化之學習，引導同學熟悉自己的文化，並比較各族群文學表現與習俗之異同，從中培養互相尊重的精神，促進族群融合，共同締造更祥和的社會。

　　常民文化是族群活著的指標，一個族群是否存在，主要在於屬於這一族群的特有文化是否還存在；只有文化存在，族群也才存在，可知常民文化學習的重要。近年來，臺灣各地更緣於本土意識的萌興、文化創意產業的發達與觀光旅遊業的需求等因素推波助瀾，促成本土文化興起，其中富含寶貴的常民文化，諸如歷史文化、信仰文化、生活文化、古蹟文化、生態文化等內涵，為紮根本土、展望世界的基石，鎔鑄創新多元文化的根本，為文化學習所不可忽略的重要課題。我們對於這一塊土地的各族群文化，有責任亦有義務去瞭解、去記錄、去發揚，「臺灣族群文學與文化」課程即抱持此一基本概念而推行。

（二）鎔鑄現代元素的新學習

　　「臺灣族群文學與文化」課程內容包含 3 大重心，一是臺灣閩南、客家、眷村、原住民族、新住民、新世代等各族群文學與文化的學習、賞析，以及各族群文學及地方文藝的探討。二是臺灣常民文學與文化之探討與採集。三是服務學習知能訓練實務活動、反思互惠及回饋傳承。

　　本課程具有倫理、民主、美學、科學、媒體等現代元素。在倫理素養方面，從臺灣族群文學與文化之學習，進而調查、觀察、記錄文化；至於服務學習，可以培養同學人文素養與關懷社會的精神，養成負責、自律、勤勞、服務與互助合作的美德，提昇倫理素養。在民主素養方面，由族群文學與文化著手，引導同學熟悉自己

的族群文學與文化，並比較各族群文化與習俗的異同，從中培養互相尊重的精神，進而培養尊重他人意見，尊重各族群文化的民主素養。在美學素養方面，藉由臺灣族群與地區文學與文化的學習，使同學得以接觸並欣賞地方文藝，體會常民文學與文化的美麗、社會人情的溫馨，並挖掘廣大群眾的生活智慧，以陶冶性靈，美化人生，提昇美學素養。在科學素養方面，本課程經由師生共同探討，並製作數位教學媒體，有利於課程深入研究及擴大學習，更可訓練同學思維與自學能力，培養實事求是的研究精神，提昇科學素養。

至於在媒體素養方面，本課程採用數位製作教學法，由教師帶領同學配合各科系專業學習的相關議題，共同探討，撰寫報告，並製作數位教學媒體，結合理論與實務，提昇媒體素養與資訊能力。媒體素養為現代公民不可或缺的素養，而資訊技術原是一種技巧，作品的優劣實關係內容良窳，想要製作優良的數位教學媒體，首先必由教師為主導，帶領同學共同探討；並透過分組研討、報告撰寫，及製作數位教材，以擴展同學學習深度，並培養自學的能力，是文化記錄教學重要的方法。

（三）體驗族群文化的真生命

族群常民文學與文化，具有保存先民智慧資產、孕育後代文學發展、傳承民族特有文化等價值。我們除了要能完成族群常民文學與文化教學既有價值，更希望透過數位化教材的製作與調查研究，發揮新科技與新教學，提昇體驗學習的效益。

在教學內容方面，透過對臺灣閩南、客家、原住民、眷村、新住民及新世代等族群文學與文化的學習及賞析，體驗族群文化的真生命，以加強同學對於各族群文學及鄉土文藝的瞭解，培養同學尊重各族群的文化，及愛鄉、愛民、敬業、樂群的精神。

在教學設計方面，注重生活觀察、體驗，尋求臺灣地域文學與文化之美，結合理性的知識與感性的生活感受，以涵養生活，增進生活的知能與情味。進而從文學欣賞的角度，挖掘廣大群眾的生活智慧，增進人文素養，美化人生。並重視興趣與實用，加強生活語文與文化的探索，結合課程與生活，達到學以致用的效果。並引導同學熟悉母語與文化，比較各族群文學表現與習俗之異同，從中培養互相尊重的精神，促進族群融合。

在教學活動方面，從臺灣生活文學與文化的調查、觀察、記錄，至於服務學習，以培養同學關懷社會的精神與人文素養，成就負責、自律、勤勞、服務與互助合作的美德，促進五育均衡發展，以期日後服務人群，促進社會良性互動。並領導同學透過數位化學習、數位教材製作，架構臺灣民間文學的實境空間，與生活文化的情境塑造，有系統建立臺灣常民文學與生活文化數位教學資源，發揚臺灣活潑、溫厚、善良及堅毅的本土文化與精神。

二、創新學習策略，建構混成教學

本課程採用服務學習與數位製作混成教學法，並統整數位地理資訊教學而來。課程設計方面，結合人文學科與地理學科的領域知識，並援用族群文化教學、數位媒體製作教學、服務學習等理論與實務，以及數位地理資訊教學，以混成教學的理念與實務經驗進行教學，並藉由師生共同進行探討、體驗與實務操作，帶領同學深入生活，深入文化，深入社會，以培養人文素養，鍛鍊服務技能與精進資訊特長，以培育多職能的人才（蔡美惠，2010）。

（一）設計專業化講座化課程

本課程進行與協同教學相結合。服務學習課程實施過程中，協

同教學是教學的一大特色，講師團隊的分工與角色扮演，對學生服務觀的影響，具有相當作用。講師概分為 2 大類，第一類為核心講師，著重課程主持與運作、提供課程核心知識與教學。第二類為文化產業專業講師，主要工作在於將課程與學生專業發展，及業界經驗、外部環境資源相結合。核心講師為學校編制內的教師，也是課程的總負責人。講師團隊在教學過程中，與同學的討論內容，從初始的淺層作業討論、資料收集與分析，到中層的專題活動企劃與呈現；甚至會善用討論時間，從專題出發，向文化業界講師請益實際的職業經驗。故核心講師與文化業界專業教師交互配合，可以對學生產生典範學習的作用。

在核心課程方面，由原教師授課，採用專題討論方式，包含臺灣族群文學與文化概說、臺灣閩南族群信仰文化、臺灣閩南族群的常民文學、臺灣客家族群的生活文化、臺灣客家族群的音樂文學、臺灣原住民族群的部落文化、臺灣原住民族群的神話傳說、臺灣眷村族群的講唱文學、臺灣新住民文化特色與國際禮儀等單元，以完整呈現臺灣各族群文化與文學的內涵與特色。

在專題講座方面，由專家學者授課，採用專題演講或實地參訪方式，範疇包含臺灣歷史、地理、文學、文化，或資訊能力與多媒體製作技巧等，以有系統提昇同學研究及多媒體製作的能力。如閩南族群文化特色與服務實務、客家族群文化特色與服務實務、原住民族群文化特色與服務實務、採訪與記錄實務操作、攝影與媒體製作實務、族群文化差異與服務實務等單元，以結合文化產業、數位製作、服務學習等師資的專業指導與資源互用。

（二）建構師生共同研究模式

本教學方法，可經由師生共同研究，以製作具有學術價值與

數位價值的教學媒體，達到學用合一的目標。其中師生共同研究及論文撰寫教學，能對課程所學的內容，做更深入研究及擴大學習，將有效提昇教學效用。同時，引導同學從事研究及論文撰寫，可以訓練同學思維與自學能力，培養研究與團隊精神，並能由實務操作中，鍛鍊同學處理事務與溝通協調的能力，達到學以致用的作用。

有關臺灣族群文學與文化相關議題之研究所使用的方法，大抵包含歷史研究、文獻研究、採訪調查、實地勘察等方法，能引導同學從事相關研究，讓同學由蒐集資料、實地採訪記錄，從而撰寫報導的過程深入學習，並製作相關的多媒體作品，使文學與文化之學習具象化、數位化，相信學習效果將會相對增加。第一，歷史探討：主要以歷史的角度，從事歷史發展、文化演變、事件發展始末或地點演進興衰等探討。第二，文獻探討：主要以文獻為探索對象，文獻資料來源，包含政府相關資料、前人研究、專門著作或相關資料等；文獻資料使用，則應經過分析、考證，以力求資料精準無誤。第三，採訪調查：主要以人物為調查、諮詢對象的探討方法。採訪調查的對象，可以是當事人或與事件相關的人或地方耆老，或相關研究的學者專家。第四，實地勘查：主要以實地為探討的對象，即透過實地的觀察與記錄，對實地、實物加以探討。

以「臺北大稻埕霞海城隍廟與姻緣文化探討」為例說明。首先，歷史探討：如探討霞海城隍廟的歷史沿革，對於大稻埕開埠的歷史、泉州同安與三邑人械鬥爭地、頂下郊拚的經過，與霞海城隍廟的建立等相關歷史發展的探究，為本議題研究不可輕忽的方法。其次，文獻探討：如有關大稻埕的相關研究資料、臺灣文學與文化的資料，以及姻緣文化的資料等，都是此一議題重要的資源。再其次，採訪調查：如探討大稻埕霞海城隍廟與姻緣文化，在探討霞海城隍廟有關的傳說、姻緣文化與細姨街文化時，即可使用現場採訪

記錄。第四，實地勘查：有關大稻埕商圈文化的探討、霞海城隍廟的建築與信仰文化等探討，都可透過此一方法，加以考察與記錄。此外，因應每一篇文章、每一個議題，有其特殊情況與需求，故使用的方法，也有所不同，如霞海城隍廟與省城隍廟之比較研究，即為比較性題目，比較研究法，當然為此一議題不可缺乏的方法。其他如分析法、歸納法、綜合法等方法，則應依需要而運用。

（三）成立文化資訊服務體系

本教學法運用數位教學理論，同步導入混成教學，透過實體課程的學界與業界講師團隊共同指導、數位教學的電子郵件與臉書等線上社群互動式教學討論、部落格個別化記錄與 Google map 定點定位，協助同學享有主題式教學指導，建立社群共同討論與解決問題的運作模式。社交服務網站的發展驗證了六度分隔理論（six degrees of separation），即對於人際關聯脈絡的擴展，可以透過不超出 6 位中間人，間接與世上任意之先生或女士相識。根據東森新聞雲〈推翻六度分隔，臉書把人拉近：只隔 4.7 人〉之報導，可知人與人之間的距離越來越近了。彈指之間，個體的社交圈會不斷擴大和重疊，並在最終形成大的社交網路（國際中心，2011）。

本課程利用社交網路服務的特性，急劇擴展社群範疇。歸納本課程的社群成員，大抵包含基本層、關係層、輻射層、邊緣層等 4 大層次。基本層即構成此一社群的基本人員，包含教師團隊，如核心教師與業界教師等；學校行政體系，如主任、助教、各處室相關人員與導師等；選修學生，如應用文與習作、民間文學、臺灣族群文學、報導文學與社會關懷、服務學習與社區文化永續經營等課程選修學生。關係層，曾參與過相關課程或活動者，如學校學生、專家學者與家長教師等；研究物件，如參訪或研討的單位、商店、公

司或個人。輻射層，雖無直接參與，但由基本層、關係層輻射而成
的人群，如基本層、關係層成員的師生、親友等。邊緣層即指從網
路上得知相關知識或訊息者，包含專家學者、旅行者、社會人士，
甚至家庭主婦等。透過社交網路服務可以擴展人脈，增進人與人之
間緊密聯繫，突破空間的距離，達到真正的網路無遠弗屆、即時聯
繫的特色（吳瑞荻、蔡美惠，2010）。

　　運用社群網路服務（social network services，簡稱 SNS）之運作
與田野調查的研究結合，虛境與實境的交叉運用，使得文化學習，
不只是輸入，更能獲得豐碩輸出，並運用雲端服務的特性，對於文
化的記錄、保存與宣傳應具相當效用。

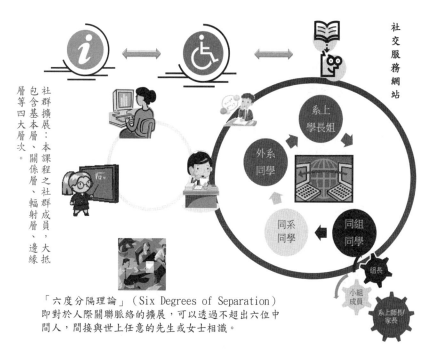

社交服務網站

社群擴展：本課程之社群成員，大抵包含基本層、關係層、輻射層、邊緣層等四大層次。

「六度分隔理論」（Six Degrees of Separation）
即對於人際關聯脈絡的擴展，可以透過不超出六位中
間人，間接與世上任意的先生或女士相識。

圖 8-1　文化資訊服務體系社群聯繫圖（吳瑞荻、蔡美惠製）

三、翻轉教學設計，塑造多元學習

本教學法採用服務學習運作歷程，服務學習的4大歷程與行動研究之精神相匹配，可以應用於課程設計之中，以架構課程實務操作標準流程與運作模式。透過服務學習的流程，尤其是議題性質的服務過程，經由「準備、活動、反思、發表」4大階段，引導同學，由議題聚焦，到訂定題目；由觀察討論，到深入探討；由心得報告撰寫，到影片製作；由完成作品，到發表回饋（蔡美惠，2015）。

（一）確實準備以蓄勢待發

準備階段，包含接觸議題、建立團隊、議題聚焦、確定進度等步驟。接觸議題：必先由歷史沿革及相關文化著手，使同學能明瞭其中的歷史、文化與特色，引起進一步研究的動機。建立團隊：為方便田野調查與實地勘察，並由小組活動產生群策群力效果，使研究得以深入。議題聚焦：引導同學依據專業之學習與興趣，選取議題以從事深入研究。確定進度：確定各步驟的細節與時間，能按部就班，則易於計日效功，並訓練同學從事研究、辦理活動及處理事務的能力。

準備階段，是所有活動的基礎工程，建構系統化分工化活動，則應從目標的確立與組織的建構著手。就目標的確立來說：如以「臺灣觀光文化探討」為例，選出地點並不代表就能進行探討，地點只是一個範圍，沒有主題，無法聚焦，就難以深入探討，因此就地點分析其中可以探討之議題，找出兼具興趣與價值的主題，才能確定研究方向與目標。就團隊的建構來說：建立團隊是必要的工作，活動之成功與否與團隊的建立及運作密切相關，系統管理能力本就該由實務磨鍊而來。分組以6人為最佳人數，人數太少，很

難發揮群策群力的力量，也就收不到系統管理能力的訓練；人數太多，則容易產生濫竽充數或分工不均等現象，如何組織團隊，以及如何運作團隊，是本教學的重要課題。

（二）積極活動以執正馭奇

活動階段，包含工作編排、蒐集資訊、採訪調查、實地勘查等步驟。工作編排：資料蒐集、採訪調查、實地勘查、報告撰寫、成果展現為各組每一分子的責任，至於公關、聯絡、交通、編輯、美工、總務等工作，應有所分配，使任務能順利完成。蒐集資訊：資料須經分辨，以免訛誤，對於資料之引用，應注意相關著作權及智慧財產權。採訪調查：即利用田野調查、採訪記錄等方式，以採訪與議題相關的人物，如學者、專家、耆老、當地人、當事人等對象，以獲得最真實最直接的資料。採訪之安排，應力求真實確切，採訪前應列採訪單，以抓住重心，突顯效果。實地勘查：由實地勘查，以親身接觸實地實物，或親自體驗感覺感受，是從事文學與文化探討的重要方法。

活動階段為實際活動的主體，配合歷史研究、文獻研究、田野調查與實地勘查等方法，從事文化之體驗，並進而記錄、宣傳、行銷臺灣文化。在田野調查與實地勘查方面，文化的參訪為本課程重要活動。以「臺灣民間信仰文化體驗學習」為例，本活動包含民間信仰文化知性之旅與臺灣民間信仰文化專題報導 2 部分。前者為實地教學，如龍山寺廟宇文化巡禮、保安宮廟宇文化巡禮、慈誠宮廟宇文化巡禮等，製作教學成果集與實況錄影，以記錄、保存與宣傳文化。後者由選課同學分組研討，進行臺灣民間信仰文化研究，如觀音、媽祖、關公、文昌、財神、月老、土地等信仰文化之探討，製作專題報告及教學媒體。

（三）深刻反思以登峰造極

反思階段，包含擬定大綱、深入研究、檢討反思、刪改修正等步驟。擬定大綱：由議題聚焦，進而確定題目；經歷史研究、文獻研究、採訪調查、實地勘查等過程，進而撰寫論文或報告。論文撰寫必先擬定大綱，以綱舉目張呈現成果。深入研究：資料整理，須經分析、歸納、比較、綜合等方法，使研討更為深入，研討所得，才能更具價值。檢討反思：分組研究，因個體看法、意見不同，語文表達方式不一，容易造成論文論點鬆散，甚至衝突，因此經過多次之檢討反思，激盪群體相互間之思考，以統合觀點、看法，以及格式、文字的統一、協調，更能由反思過程中，做更深層的思考與研討。刪改修正：在檢討反思後，應加以刪改修正；刪改修正後，再檢討反思，如此才能撰寫精準深入的論文或報導。

《遠見》雜誌第 325 期主題「愈在地愈值錢」，在封面上直接標誌：「最憨的精神，卻最能跟得上國際潮流」，且以專刊的方式，討論臺灣在地文化的現代價值，並於〈目錄〉強調：當全球愈國際化後，商品大同小異，商品想要在國際上吸引消費者，就必須想辦法融合在地元素，才有獨特性。「在地經濟學」正隱含著一種對全球化的反思（李建興編，2013）。然而想要探討在地經濟學，倘若不瞭解臺灣本土文化，不瞭解各族群之文學與文化，該如何妥善運用本土價值？又該如何執正馭奇、創造鎔鑄，甚至出奇制勝、創造佳績？在地的最值錢，臺灣文化，尤其是族群文學與文化的學習，應該是通識教育中不可或缺的學習。

（四）精彩發表以繼往開來

發表階段，包含統整報告、作品定稿、成果發表、保存宣傳等步驟。統整報告：在於達到內容無誤、形式無訛的地步。作品定

稿：研討報告及多媒體製作，文字需優美順暢，不應重複累贅；內容深入，精確切當。成果發表：發表或慶賀，原是檢視成果最好的方法，能公開發表，經專家學者的評論或建議，都有助於研究之深入與媒體製作之精美。保存宣傳：經驗傳承，才有利於永續發展；做好建檔、保存、宣傳等工作，也才能使作品的價值得以延續，研究風氣得以持續開展，實現服務學習真正的意涵與精神。

　　本課程規劃透過服務學習的歷程，引導同學，研究調查、論文撰寫、教材製作，並發表傳承。擬由文化薰陶，培養人文素養；經由共同研究，培養研討能力與群組運作能力；經由服務學習，培養服務精神與實務經驗；經由數位製作，培養資訊能力。如此經由嚴密組織與深度管控，建立完整流程與執行模式，達到人文、研究、企劃、服務、資訊融合的作用，以訓練兼具人文素養、研究精神、企劃能力、服務特質與資訊能力的人才，達到學用合一之標的，塑造全人專業人才。

圖 8-2　服務學習運作歷程圖（蔡美惠製）

四、力行文化服務，宣揚臺灣文化

在課程設計方面，安排同學進行臺灣常民文化之體驗學習，分為信仰文化、生活文化與休旅文化等 3 大範疇進行，本課程自 2008 年開設以來，成果頗為豐碩。

（一）保存信仰文化的原意涵

信仰是民眾心靈的反應，從信仰中最能看出群眾的思想，也最能突顯群眾文化的特質。信仰文化的相關資料，多保存在神話或傳說之中。臺灣閩南族群的文化，受到中國傳統文化，尤其閩南文化影響；同時，根植臺灣後，又與臺灣歷史發展與社會型態相結合，演變出相容並進、和諧共榮的豐碩文化。以臺灣常民信仰文化為探討主題，包含臺灣觀音信仰文化、媽祖信仰文化、關公信仰文化、臺灣財神爺信仰文化、文昌帝君信仰文化、臺灣月老信仰文化、臺灣土地公信仰文化等，共探討臺灣 1 百間廟宇的信仰與文化特色。

在信仰文化中，包含廟宇文化、歷史文化、商業文化與古蹟文化等內涵，諸如刺激文化創意產業之萌興，各式公仔、陶瓷、手工藝品、紀念品、飾品與生活用品之製作與販賣；又如促進飲食文化商圈之形成與發達，如廟口飲食、祭祀物品、地方小吃等之興起。如關渡宮與臺灣廟宇文化探討、霞海城隍廟姻緣傳說與臺灣姻緣文化探討、孔廟教育功能與臺灣教育文化探討、保安宮醫療傳說與臺灣民俗醫療文化探討、雙連文昌宮與考試文化探討、行天宮之歷史發展與恩主公信仰文化、惠濟宮與臺灣王爺信仰文化探討、臺北劍潭古寺與觀音信仰文化探討、碧山巖開漳聖王廟與原石信仰文化探討。

（二）發揚生活文化的高品質

　　生活文化，包含食衣住行育樂等文化，以及商業、產業、工藝等文化。臺灣族群文學與文化探討，臺北城原是商業城，臺灣族群文學與文化與臺北城的關係最為密切，也與同學之商業專業學習最為密切，有助於同學瞭解臺灣族群文學與文化之演進與發展、地理環境之轉變、臺灣族群文學與文化的現況、所佔之優勢與所面臨的問題種種，對於同學接觸商業環境，建立商業人脈，體驗商務生活，以作為就業的基礎，提昇其競爭能力，具有相當效果。如大稻程茶葉貿易與臺灣飲茶文化探討、寧夏夜市與臺灣夜市文化探討、北投市場與臺灣攤販文化探討、中山北路婚紗商圈與現代婚禮文化探討、中山商圈婚禮產業文化探討、華西街與臺灣夜市文化探討、內湖科技園區商業經營文化探討、南港展覽館與商展文化探討、南港科學園區軟體產業文化探討等。

　　飲食文化的探討，原屬生活文化的一部分，而各商圈的飲食文化，亦屬臺灣族群文學與文化或旅遊文化的範疇，故商圈飲食文化之探討，對於商圈之形成、演變、興衰及其特色，都值得探討。對於商業發展，尤其刺激地方特色飲食之發展，激勵創意飲食之蓬勃，應有所助益，也可印證生活處處皆商機。如北商校園商圈飲食文化之多元性探討、北商校園商圈飲食文化探討、北投區捷運圈飲食文化探討、中山區捷運圈飲食文化探討、北投慈生宮與臺灣米食文化探討、士林夜市與臺灣小吃文化探討、西昌街與臺灣草藥文化探討、臺北金龍寺與禪味素食文化探討、內湖區捷運線飲食文化探討等。

（三）宣傳休旅文化的新風貌

文化的深度，決定觀光事業之成敗；文化的特色，決定觀光事業之興衰，舉凡歷史文化、餐旅文化、生態文化等等，都可構成觀光文化的資源，如能深入研究，並有系統開發，對於臺灣觀光事業之發展，以及臺灣在地文化之宣傳，應具相當效果。如與歷史相關的文化資產探討，有二二八公園與文化資產管理探討、芝山岩之觀光休閒文化探討、艋舺龍山寺與觀光文化探討、西門町與觀光休閒文化探討等；與旅遊相關的文化資產探討，如臺北美麗華商圈休旅文化探討、南港火車站與交通文化探討等；與生態相關的文化資產探討，有關渡自然公園與臺灣濕地文化探討、社子島之觀光與生活文化探討、內湖休閒農業經營文化探討、舊莊茶山與茶葉文化探討等。

休閒文化也是近年來廣受重視的文化資產，適當的休閒娛樂，可以調劑身心，強健體魄，也可以陶冶心靈，增進工作效能，提昇生活品質。有關休閒文化的發展，可以增進觀光旅遊的資源，促進相關商業活動之發展，故對於休閒文化的探討，亦有助於商業之蓬勃，與文化創意產業之興盛。如臺北兒童育樂中心與娛樂文化探討、臺灣現代舞藝術文化探討——停不下來的舞鞋：蔡瑞月舞蹈研究社、溫泉博物館與臺灣溫泉文化探討、北投公園休閒文化探討、陽明山溫泉與溫泉文化探討、士林官邸與臺灣園林文化探討、臺北青年公園與眷村文化探討、臺北大湖公園與都會埤塘休閒文化探討、碧山巖山區步道經營管理文化探討、臺北內湖金面山區山林休閒文化探討、臺北碧湖露營場與戶外休閒文化探討等。

透過本課程之學習與實務操作，以體驗臺灣文學與文化之美，結合理性的知識與感性的生活感受，以涵養生活，增進生活的知能

與情味；並從文學欣賞的角度，挖掘廣大群眾的生活智慧，以增進人文素養，美化人生。同時，加強同學對於臺灣文學及鄉土文藝之瞭解，培養同學尊重社會各族群的文化，以及愛鄉樂群的精神。帶領同學對於本土文學與文化之觀察、記錄，至於數位學習，引導同學從事文學與文化專題探討，舉辦成果發表，以培養同學靈敏的觀察力，及隨時隨地記錄生活，展現生活魅力的習慣。並由活動中，訓練同學思維與自學能力，培養研究與團隊精神，由實務操作中，鍛鍊處理事務與溝通協調的能力。

只有文化活著，族群才活著。文化的消逝，雖有其主觀、客觀等因素，但消失的文化很難追回，養成隨時記錄，隨時關心的精神，持續關注文化、記錄文化，並用心生活、珍惜生活，發揮踏實積極的臺灣精神。我們都在寫歷史，我們都在創作文化，讓我們由臺灣在地文化的研討、記錄與媒體製作做起。

參考文獻

李建興編（2013），〈目錄〉。《遠見：愈在地愈值錢》。第 325 期。臺北：遠見天下。

吳瑞荻、蔡美惠（2010），〈應用社交網路服務經營網路原生代華語文學習社群之研究〉。《英國漢語教學研討會：第 8 屆 BCLTS 國際研討會》。英國：卡地夫。

國際中心（2011），〈推翻六度分隔，臉書把人拉近：只隔 4.7 人〉。《ETtoday 新聞雲》。網址：http://www.ettoday.net/news/20111123/8473.htm。

蔡美惠（2010），〈服務學習與數位製作混成教學經驗分享與反思——以北商臺灣民間文學數位教學為例〉。《人文素養與通識教學》。臺北：亞旆。頁 113-152。

蔡美惠（2015），〈社群網路服務（SNS）應用於網路原生代商業文化學習之教學策略研究〉。《數位與開放學習期刊》。第 6 期。頁 19-46。

第九章

邁向社會創新：
實踐憲政民主與國家發展

陳閔翔

國立臺北商業大學通識教育中心助理教授

「憲政民主與國家發展」學生曾在老師指導下，連續 2 年獲全國「創心・創新・創薪」青年夢想家競賽亞軍及佳作。作者投入社會創新多年，曾任「深耕社會行動力」通識深耕計畫主持人，107 學年度獲臺北商業大學「創新教學獎」，2020 年 12 月獲聯發科技第三屆智在家鄉：數位社會創新「潛力獎」。

社會企業，為慈善團體和營利公司兩極之間開出一道新視野，讓社會使命能與商業模式相結合。

——社企流

一、從鄉村銀行認識社會創新

2019 年是臺灣地方創生元年！

行政院於 2017 年 12 月年終記者會上，宣示未來國家發展主軸為安居樂業、生生不息及均衡臺灣。其中，均衡臺灣施政目標係推動地方創生，發展地方產業，讓人口回流、青年返鄉。隔年 5 月，行政院隨即召開地方創生會報，訂 2019 年為地方創生元年。自此，地方創生這個效法自日本的新觀念，藉由中央政府的高度——負責單位為國發會，將地方創生定位為國家發展層級的戰略安全政策，以企業投資故鄉、科技導入、整合部會創生資源、社會參與創生、品牌建立等推動戰略，並配合法規調適，來落實地方創生（行政院，2019：6）。

地方創生的英文有 2 種表述方式與執行途徑：placemaking 與 local revitalization，前者意指地域營造或社區活化，後者的意思是地方振興或地方產業復興（李長晏，2020：22）。兩者共同指向活化地方、營造區域產業生命力、創新地方產業。故地方創生可說是社會創新的一種類型。

什麼是社會創新（social innovation）？由於創新創業已成為密不可分的新詞，因此要回答這個問題，勢必要先認識社會企業（social enterprise）與社會創業（social entrepreneurship）等概念。我們可用尤努斯（Muhammad Yunus）的經典案例來說明之。眾所周知，向銀行借錢是一種金錢預支的經濟行為，在貸款的同時，銀

行通常會跟借款人要擔保品或抵押品，以維持信用，確保還款。尤努斯原是在美國任教的經濟學教授，他發現孟加拉鄉下的窮人常借不到錢，因為銀行不相信窮人有還款能力。這導致孟加拉的窮人永遠無法翻身，即便想創業也資金不夠。

尤努斯在 1976 年回到孟加拉創辦鄉村銀行（Grameen Bank，音譯格拉明銀行，為鄉區、村莊之意），提供小額貸款給貧窮的孟加拉人。為了確保還錢，鄉村銀行設計了團結小組的信貸系統，讓一群人一起放款，成員相互擔任保證人，以便可互相支持、努力改善經濟。這種小額金融的微型貸款很成功，讓許多窮人受惠，協助擺脫貧窮。尤努斯於 1978 年獲孟加拉總統獎，2006 年他與鄉村銀行共同榮獲諾貝爾和平獎。

鄉村銀行的故事在全世界傳開，成為社會創新創業的著名例子。與過去的企業用基金會、提撥經費照顧弱勢、辦活動資助模式來實踐與宣傳企業社會責任（corporate social responsibility，簡稱 CSR）不同，尤努斯的創業就等同踐履企業的社會責任，使得社會創業和社會企業成為顯學，其重點是創新和社會影響力，而不是收入本身（朱思年、陳蕙芬、游銘仁、吳靜吉，2016：4）。換言之，社會創新的核心是以人為本，目標是要解決社會問題，故創業家會關注貧富差距、公平正義、永續生態等具體問題，希望藉由科技方法或數位商業模式的創新應用來解決問題，而這個問題可能是政府短期無法立即或有效解決的。

綜上，通識教育中的民主課，大多以政治學為基礎，著重民主政治運作，例如總統制、內閣制等體制介紹和區辨；或者憲政理論與規範，例如行政立法司法的權力組織與實務；或講授臺灣民主轉型的修憲始末、選舉制度與政黨政治等。這門「憲政民主與國家發

展」通識課，以筆者過去長達 16 年講授的憲法課與民主課為知識基礎，2017 年 9 月首次開課時，正好遇到新政府通過《前瞻基礎建設特別條例》（7 月 6 日立法院第 3 次臨時會 3 讀通過），開始實施前瞻基礎建設計畫（簡稱前瞻計畫）。因此，筆者權衡學生學習生態後，便在介紹完憲政民主理論後，大膽地將課程後半部內容，以議題／案例為主軸，逐次融入公共政策的社會創新思維，沿著國家重大課題，諸如轉型正義、公投選舉、同性婚姻、年金改革、國土規劃、城鄉發展、公平貿易、人才培育……等，每學期就當下的時事選定主題與實例，帶領並引導學生思考與實踐國是，培養「家事國事天下事事事關心」在地知識分子，成為相當特別的公民涵養課。

二、從地方創生到社會創新

　　地方創生結合新型的微型創業，來復興地方產業、創造就業、並依據地方特色發展地方型或區域性經濟，與過去社區總體營造等最大的不同在於：用數位經濟模式的投資，取代政府直接給予經費的補助。其背後的總目標，根據國發會網站的政策說帖，是為了緩和人口過度集中 6 都的趨勢，因應少子化與城鄉均衡發展的倡議。故我們可以這樣說，地方創生從民間自發性發展，成為政府官方、正式的國家政策實際上只約不到 5 年光景。

　　為加強文化創意產業（cultural and creative industry，簡稱文創）與社區發展，大約在 2016 年，由國發會主導，先將設計概念融入地方新創產業及社區輔導，以「設計翻轉、地方創生」示範計畫，藉由經費補助各縣市政府、地方產業、新創團隊與文史工作室等機構，來振興已出現瓶頸的地方文創，希冀能逐步聚焦具永續經營產業項目與地區特色鄉鎮。

　　地方創生乃根植於在地文化，不再只以慈善之名，而是結合觀

光、產業、地理文史、風俗習慣、公私協力與數位新經濟等，以具特色、創意的商業模式成為一門生意。在 2020 年新冠病毒防疫及振興經濟期間，民眾因為無法出國，國外旅客較少入境，在疫情紓緩時紛紛報復性出遊。大家都知道，臺灣的國民旅遊地點，有許多獨一無二的景點節慶，例如平溪的天燈、鹽水的蜂炮、橫渡日月潭、冬山河童玩節等，均是長期在地文化及產業聚落累積下來的特色。然而，不可諱言也有許多老街夜市化情況嚴重，彈珠汽水、射飛鏢、娃娃機臺充斥，可說是臺灣特有的蛋塔或熱氣球效應，也就是當鹿野高臺的熱氣球受到歡迎，各地政府與商人便追逐仿效，臺東熱氣球的唯一特色就消失了。此外，鑑於日本奈良公園的野生鹿成為觀光代表，國內有些遊樂區或農場就不明就裡地引進羊駝或梅花鹿，也是沒有創意的模仿，造成地方、環境或動物的創傷，至於許多閒置蚊子館本文就不多贅述了。因此，這一波的地方創生強調應在社區營造、農村再生的基礎上，去發展風土經濟學（洪震宇，2019）或鄉下創業學（游智維，2020），目標是成為日本創生典範的小鎮創業（木下齊，2017，2018）或韓國學者歸納的巷弄經濟（牟鍾璘，2020）。

職是，地方創生最積極的意義是讓城鄉平衡，人們有自主能力選擇居住在城市或鄉村，相互成為對照組：城市文明越發達，小鎮文化便越需多采多姿。地方可以幫助我們重建人與土地、山川、自然的連結。透過這些連結，地方幫助我們深度欣賞詩歌、音樂、文學、美術。最後，帶著這些新體驗重新檢視人與人的關係，進一步探索自我存在的意義（鄭志凱，2019）。

沿此而來，晚近流行的社會創新，大致意指運用科技創新等概念及方式，改變社會各群體之間的相互關係，並從中找出解決社會問題之新途徑，逐步達成聯合國 SDGs 如遠離貧窮、性別平權、

責任生產消費、消弭不平等、優質教育等目標及我國原住民族文化永續發展相關願景（行政院，2018：9）。據此，社會創新可界定成：幫助一個社會自行結合既有的智慧跟新的智慧，提高社會創造解決社會問題的新想法的能力，包括新穎性、執行應用性、產生價值（即有效性）、目標性（滿足社會需求）與增進社會能力等要素（朱思年、陳蕙芬、游銘仁、吳靜吉，2016：15-16）。必須注意的是，社會創新創業與商業創新最大差異是社會目的，除了有基本獲利模式外，它面向公眾、具草根性，以改善實際的社會問題為思考目標，依此創造新產品、新服務、新市場或新組織等多樣性並深入各領域，包括教育創新、科技創新、民主創新、法律創新等。例如線上課程認證遠距教學的學習創新、由遊民當銷售員的《大誌雜誌》（*The Big Issue*）的社福創新、以及近期很紅的播客（podcast）廣播串流媒體的數位創新皆是。

根據「人—創新—社會」的邏輯與內在關係，我們可歸納出社會創新的 4 層意涵：(1) 創意：創新來自創意、創造力。(2) 影響力：具社會性，而非個人問題，該問題或範圍具社會影響力。(3) 商業化：企業或創業雖定位為營利組織，能發展成微型企業或社會企業，產生營收，但僅止於收支自給自足。(4) 目標為解決問題：營運模式在解決特定社會問題，而非利潤或賺錢。舉例而言，鄉村銀行看到窮人而非富人；尤努斯要解決的問題是借貸困難，但他不是直接借錢給窮人，而是創辦服務窮人的小額銀行，以解決窮人借不到錢的窘境。職是之故，社會創新最重要的存在價值是：讓社會公益與企業獲利不衝突——平衡經濟獲利與環境永續。

三、國家發展：從理論到實務

國家發展是個綜合性、多層次、需要跨領域思考的課題，同

時受世界各國情勢、國內外各種政策及事件人物互相影響，不僅是國家治理的一環，也是憲政民主（constitutional democracy）下的政黨政治、責任政治、民意政治的運作結果，兼具理論與實務雙重特性。例如傳染病防疫雖然是公共健康衛生問題，本是純粹的醫藥問題，但因具有公共性，高度影響經濟、教育與文化活動。就此，探討國家發展很難用「政治歸政治，經濟歸經濟」來一語概括，政治經濟學本然就是探討「政治影響經濟／經濟影響政治」的學問。國家發展實為民主治理與公共政策的主軸，與我們生活息息相關，每項議題都頗複雜，需要廣博知識才能夠理解。也正因為如此，現代公民除了關心自己的工作與生活外，也應多注意國家社會整體發展現況，並掌握世界趨勢。

（一）整體觀：從經濟建設到前瞻計畫

我國政府自 1953 年起，規劃推動中長程國家發展建設計畫，早年以經濟建設為主，由研考會負責幕僚作業。較為人所知的是：1974 年至 1979 年的 10 大建設，由當時的行政院長蔣經國提出，包括核能發電、高速公路、鐵路電氣化等。1991 年至 1997 年，推動國家建設 6 年計畫，為李登輝總統任內，歷任郝柏村、連戰等行政院長，為經建會所主導，具體項目有建設臺北捷運系統，規劃高鐵等。國家發展應具備前瞻性，若無高鐵的先期路線規劃、徵收土地，2000 年土建工程動工，我們的高鐵不可能在 2007 年通車，帶領臺灣進入一日生活圈的新局面。

進入政黨輪替時代，國家發展計畫成為每一任政府的代表政績。例如 2003 年至 2008 年間，陳水扁總統提出新 10 大建設，其中國際藝術及流行音樂中心，在南部興建故宮南院，北部有 2020 年底開始營運的臺北流行音樂中心。2008 年至 2015 年，馬英九總

統盤整前期計畫推出包括桃園航空城的愛臺 12 項建設。2010 年制定《文化創意產業發展法》，賦予國家發展基金投資文化創意產業法源與管理權限，為我國文化發展邁入新頁。2014 年 1 月，政府組織改造階段性完成，行政院將研考會與經建會合併成國發會，成為政策幕僚二級單位，下轄 4 室 8 處 1 中心，負責國家發展之規劃、協調、審議、資源分配業務，國家建設計畫更名為國家發展計畫。

　　誠如前述，2017 年 2 月蔡英文總統、林全院長提出前瞻計畫，以特別條例與特別預算方式執行。前瞻計畫分 2 期，以 4 年 4,200 億元，8 年共 8,824 億 9 千萬元的預算規模，進行 8 大建設，基礎投資有：綠能、數位、水環境、軌道及城鄉建設（簡稱綠數水道鄉）。在立法審議過程，前瞻計畫被認為過多設施建設經費，故新增少子化育兒、食安與人才培育等軟性投資。茲根據國發會網站將主要施政綱目條列如下：

1. 建構安全便捷的軌道建設：城際軌道建設、軌道效能提昇及觀光鐵路、都會區捷運。

2. 因應氣候變遷的水環境建設：水岸融合、環境優化、國土安全等。

3. 促進環境永續的綠能建設：建構沙崙綠能科學城、太陽光電、風力發電。

4. 營造智慧國土的數位建設：資安基礎建設、完備數位包容、保障寬頻人權、發展數位文創普及高畫質服務、建構開放政府及智慧城鄉服務。

5. 加強區域均衡的城鄉建設：開發在地型產業園區、校園社區化改造、客家浪漫臺 3 線、原民部落營造。

6. 因應少子化友善育兒空間建設：營造友善育兒空間、建構幼兒社區公共托育。

7. 食品安全建設：強化食安藥安與毒品檢驗量能、提昇邊境查驗效能、興建食品藥物國家級實驗大樓。

8. 人才培育促進就業建設：優化技職校院實作環境、推動重點產業高階人才、培育及年輕學者養成。

前瞻計畫以基礎、創新為重心，以城鄉建設經費最多，水環境次之。理解國家計畫可知我們繳的稅主要花費所在，也可以有具體資訊進行公民監督，對行政權與立法權進行民主課責。由於國家議題項目範圍相當多，一般均用 3 個層次架構來統整與區別：第一層為憲政、外交、兩岸及國安。第二層是青年、社會、文化與教育。第三層是經濟、財政、能源與環境保護。這 3 類別沒有先後或順序之分，只便於架構討論。

（二）個案探討：老人長照新思維

地方創生與社會創新都是舶來品，勢必要經過本土化、在地化，才有辦法落地生根成為我們自己的東西。進行社會創新設計之前，應先思考什麼是社會設計（social design）？簡單解釋之：社會設計是挪移設計領域的新觀念，強調政策思考根植於真實的社會環境，廣納專家、在地民眾與利害關係人意見後，以創新途徑解決在地問題，符合社會利益。社會設計截取創新理論，部分取材自使用者導向的設計思考，透過「體察→定義→發想→原型製作→原型測試」5 個階段來找到消費者需求（宋世祥，2016：20）。

社會設計與產品設計不同，其對象不是物品，而是人與社會整體。舉例而言，臺北市萬華地區的遊民或街友是一個存在已久的社會問題，事實上自工業革命以來，資本主義下的社會早有遊民問題。晚近國外解決遊民問題，有一個經典的新創方法：即把遊民變導遊，以英國倫敦街頭另眼看倫敦（unseen tours）的社會企業為代

表，其使遊民變身最在地的導遊，讓遊民獲得收入與成就感等社會支持（金靖恩，2013）。雖然要說服一個整日在街頭生活的人，搖身變成可信手拈來道出在地建築古蹟歷史的導遊，需要很長的時間、溝通過程與方法。無論如何，「給魚吃，不如給釣竿」的社會協助原則是一致的。

從社會設計到社會企業，其關鍵在於創新、公益與普遍性——以人為目標，制度設計思維具備可行性，才能真正解決特定的社會問題。要之，這段分享一個師生共創的得獎作品：《Go Through × 故事——智慧嚮導、樂活傳承、文化共餐的創生地圖》（故事用臺語發音為 kòo-sū）（陳閎翔指導，2018），企劃摘錄如下。[1]

1. 問題分析與聚焦

我國已於 2018 年邁入高齡化社會，為因應超高齡社會的來臨，政府推出長照 2.0 政策。我們過去的觀念是去照顧老年失能者，但以臺北市都會區來看，除了是 6 都中老年人口比率最高外，失能者僅佔臺北市老人的 12%。同時，臺北市是我國社福政策的示範城市，為最早有長照政策的地方政府，擁有足量的服務者，且有將近 4 萬多名長者能夠自主生活。換言之，針對這群健康的銀髮族，長照政策規劃除了消極地延緩失能外，也可以積極善用老年人的智慧、經驗與能力。

2. 創新產品與服務

本企劃乃根據讓「老去」這條路是一條雙向道，而非單行道，來翻轉老人無用論：長者就一定是弱勢族群的既定想法。設計 3 個產品服務：(1) 地方長者×智慧嚮導：邀請在地長者擔任地方文史

---

1 主標題為學生命名，副標題由老師命名。感謝本校商務系「鄉青不老」團隊：林俞均、王新瑋、陳忻雲、劉安欣的努力，完成本作品。

嚮導，例如臺北市南港區舊莊，可與舊莊社區發展協會合作，提供當地鹿窟事件之口述歷史、文化探究之導遊。區域以鄰里為範圍，亦可擴展至全國。(2) 傳統技藝×記憶傳承：挖掘其專長，讓許多擁有編織、烹飪等技能之長者能於社區講堂分享其技藝，但不若長青學苑那樣有壓力授課，而其產品亦可上架販售，成為地方電子商務行銷的商品。(3) 長者共餐×觀光午餐：北市許多社福機構已有每週 1 日的老人共餐活動，然共餐也能結合觀光，發揮經濟價值。以傳統味與家鄉味為號召，納入觀光導覽行程中。

3. 目標與創新特色

傳統長照觀念一直以來都是讓長者被動的接受幫助，但其實老了不等於沒有用、沒有能力，我們看到很多銀髮族去當志工，持續貢獻社會。人生的經驗是永遠不會老的，特別是智慧是永不退去。是故，如果可以幫助長者依其意願與能力，將他們所擅長的東西重新包裝，跟年輕世代產生共鳴，以人文價值、地方再生為出發，將可實現世代正義。《Go Through ×故事》秉持「用故事的力量，發動社會變革」（社企流，2014：50），達成社會、環境與經濟三贏的效益，創造出本土數位社會新創企業，極富創意。

四、創新行動 DNA

社會企業，是翻轉世界的變革力量。迎向未來，每個人都需要創新 DNA。從人類文明生活的發展歷程來看，人類已進入第五波的創新社會。第五波的意思是說：人類已經從農業社會的第一波進入工業社會的第二波，遠至 1980 年美國學者托佛勒（Alvin Toffler）出版《第三波》（*The Third Wave*）一書，倡導第三波經濟是資訊網路和知識經濟時代。1993 年管理學大師杜拉克（Peter Drucker），主張知識的運用與製造才是經濟成長的動力，提出知

識社會來臨，亦即第四波（莊淇銘、莊錦華、莊雅惠，2016：14-15）。職是，第五波的特點是：知識取代資本，創新取代資訊。如果可以把創新運用在民主制度上和公民參與中，那才是真正的科技民主。誠然，面對數位經濟浪潮，青創世代的科技創新最終要回到人，尋求科技向善（tech for good）（余宛如，2019）。

末尾，必須提醒讀者 2 點。第一，臺灣目前仍未完全走出學院式社會創新，各種非營利組織（non-profit organization，簡稱 NPO）與源於宗教的慈善團體仍舊強大，主導了社會上大部分的公益市場。就此，唯有健全社會企業生態，包括法治、組織網路、效益衡量驗證三系統（劉子琦，2017：27），擴大公民社會空間，我們的社會創新環境與創作設計生態才會更友善，才會有更多社會企業創業成功的例子。第二，政府與公民社會的夥伴關係與互補功能建立，仍是社會創新重要土壤。畢竟如前述案例提到的長者共餐，政府有公權力與強制力，由政府主導與資源投入的成效會更佳，因此不斷提昇政府效能仍是民主治理課責的重心。然現況是政府的官僚制度，有時只能事後補救，或者用發錢這樣懶惰的方式，殊不知給經費只能治標。對公共政策來說，若每個政策都能納入社會設計思考，經過多方審議溝通與公民參與，才是一個好政策。

永續經營是社會創新創業的最大挑戰，臺灣各地方特別是偏鄉與原鄉，深藏人文風采、地貌史料等豐厚的文化底蘊，我們應該鼓勵年輕人多創業，發揮數位研發、應用能力，回到自己故鄉，無論是臺北金山、臺中后里、高雄美濃或花蓮瑞穗，用知識、新角度與創造力——用品牌創新、體驗經濟、服務設計、醫療照護、地方營造、風土飲食等進行換位、解構、翻轉、修補拼貼、融合，成為屬於自己百工職場的人類學家（宋世祥，2016，2020）。若干年後，必能形塑並翻轉地方，再造家鄉新境界。

參考文獻

木下齊（2017），《地方創生：小型城鎮、商店街、返鄉青年的創業10鐵則》。張佩瑩譯。臺北：不二家。

木下齊（2018），《地方創生：觀光、特產、地方品牌的28則生存智慧》。張佩瑩譯。臺北：不二家。

朱思年、陳蕙芬、游銘仁、吳靜吉（2016），《師徒關係與社會創新的在地實踐：賴青松與黃聲遠》。臺北：遠流。

行政院（2018），《社會創新行動方案：107-111年》（核定本）。臺北：行政院。

行政院（2019），《地方創生國家戰略計畫》（核定本）。臺北：行政院。

牟鍾璘（2020），《巷弄經濟學》。曾晏詩譯。臺北：馬可孛羅。

宋世祥（2016），《百工裡的人類學家：帶你挖掘「厚數據」，以人類學之眼洞悉人性，引領社會創新！》。臺北：果力。

宋世祥（2020），《百工裡的人類學家2——厚數據的創新課：5大洞察心法×6種視覺化工具，掌握人類學家式的系統思考，精準切入使用者情境》。臺北：果力。

社企流（2014），《社企力！社會企業＝翻轉世界的變革力量。用愛創業，做好事又能獲利！》。臺北：果力。

社企流（2017），《開路：社會企業的10堂課》。臺北：聯經。頁50。

余宛如（2019），《創業進化論：青創世代如何對接數位經濟浪潮，結合Tech for Good科技向善的多贏方案》。臺北：果力。

李長晏（2020），〈地方創生政策理論與策略之建構：政策整合觀點〉。《中國地方自治》。第73卷第2期。頁18-35。

金靖恩（2013），〈英國街友變身最在地導遊〉。《社企流》。網址：http://www.seinsights.asia/story/573/14/1064。

洪震宇（2019），《風土經濟學：地方創生的21堂風土設計課》。臺北：遠流。

莊淇銘、莊錦華、莊雅惠（2016），《第五波》。臺北：晨星。

陳閎翔指導（2018），《Go Through ╳故事──智慧嚮導、樂活傳承、文化共餐的創生地圖》。文藻外語大學全國「創心・創新・創薪・創意」青年夢想實踐家競賽社會創新組第二名作品。未出版。

國發會「前瞻基礎建設計畫」。網址：http://www.ndc.gov.tw/cp.aspx?n=608FE9340FE6990D&s=F30C1215990A560F&upn=60F66A08939511F4。

國發會「推動地方創生政策」。網址：http://www.ndc.gov.tw/Content_List.aspx?n=78EEEFC1D5A43877。

游智維（2020），《鄉下創業學：27個日本＋臺灣地方商業案例觀察》。臺北：寫樂。

劉子琦（2017），《英國社會企業之旅：以公民參與實現社會得利的經濟行動》（增訂版）。臺北：新自然主義。

臺灣尤努斯基金會網站。網址：http://www.yunustw.org。

鄭志凱（2019），〈地方創生的5個思考〉。《獨立評論》。網址：http://opinion.cw.com.tw/blog/profile/60/article/8669。

尾聲

知識迴響展望

結論

走出通識教育的大學之道

陳閔翔

國立臺北商業大學通識教育中心暨企業管理系助理教授

張瑞雄

國立臺北商業大學資訊與決策科學研究所教授兼校長

本文原題〈走出一條技職通識教育的路〉，刊登在第 65 期的《通識在線》（張瑞雄、陳閔翔，2016：7-9），為作者們受邀該刊「深度論壇：技職通識是否要複製綜合大學？」主題所作。發表後引發很大的迴響與討論，為求真實，編者只更動題目，修飾標題及若干文字。

一、大學有什麼功用？

在《大學的功用》（*The Uses of the University*）中，柯爾曾經這樣說：「知識的創造者一般來說都崇尚自由……伴隨其體制中所有的自由，透過其在所有知識的許多面向，對知識進行更好的運用」（柯爾，2009：120-121）。無疑的，關於技職通識是否要複製綜合大學問題？我們的答案是否定的。不過，在回答這個問題前，有必要先釐清一些根本性的爭議，以便能完整地指出有著技職體質的技專校院之大學，其需要怎樣的通識教育。

二、兩種通識教育？技職大學 VS. 綜合大學

我們常說，通識教育是大學的靈魂！這並不意味著大學裡的系科專業教育不是靈魂（以下用「系科」呈現科大內部有五專生的現況），也不意味著專業教育與通識教育是二分的，而是說一個較佳的大學教育，除了專業素養與核心能力的學習外，有許多抽象或無形的觀念、態度、見地、品味、視野、創意等（其可依人格特質表往下羅列），也是一個大學生相當重要的部分，若沒有這些軟實力或博雅精神，大學製造的畢業生可能只是一個「訓練有素」的人。這點，愛因斯坦甚早就提到過：「讓學生獲得對各種價值的理解和感受是很重要的，他必須能真切地感受到美麗與道德的良善，否則他的專業知識只是使他更像一隻受過良好訓練的狗，而不是一個和諧發展的人」（何姆斯、梅爾編，2003：119）。

換言之，無論是技職大學或綜合大學，以下這些教育哲學是一致的：通識教育是一種全人教育，其教學理念應該是以「博雅的自由教育」為基礎，目的是在建構人的主體性。就此而言，專業系科所開的經濟學與通識教育的經濟學有著不同功能，但通識性質的

經濟學絕對不是專業經濟學的淺薄化或簡單化。大致上，經濟學可以從總體經濟學講到個體經濟學，甚至可以提到國際政治經濟等範疇，然而，通識課裡的學生成員來自各系科，可能有哲學系、法律系、資管系、數位多媒體設計系、幼兒保育系……，因此老師的教學目標是相同的——讓課程具備理論厚實及知識承載度——但因為學習者知識背景差異極大，教師就必須修正教學方法與教材，分析面向或實務個案有所不同。另一方面，高等教育所強調的職業倫理是相同的，當一位會計系畢業生在事務所審核企業客戶帳目，遇到逃漏稅或老闆要求做假帳等情事，均要勇敢拒絕或依法檢舉，這些最基本的職場倫理，並不會因出身技職大學或綜合大學而有所不同，類此正義的行為或道德上做正確的事，是所有大學教育的使命與宗旨。

有此認知與共識之後，我們可進一步思考這 2 種大學內部結構的不同，以至於通識教育應該存著怎樣的差異。不可諱言的，就臺灣現有的升學管道來說，技職大學的生源主要來自高職生，部分來自普通高中或五專後插大或轉學進來的。仔細分析學生特質，粗略地把技職大學等同應用型大學，我們認為這樣的分類是有盲點的，可能會有技職生學科能力較差的迷思或錯覺。事實上，倘若長期追蹤大學畢業生進研究所的流向，技職大學的表現並不輸綜合大學，以作者服務的學校為例，北商大歷年有為數眾多的四技畢業生考上臺大、政大或中央等校的研究所，技職大學畢業之所以就業比率高，實是經濟條件或科大研究所較少等其他因素所致。

因此，單純的把學生分為學術型與實用型，忽略了也壓縮了技職生發展學術能力的可能與空間，也過於小看技職大學的研究與產學合作能力。當然，我們仍須承認，技職生不喜歡念書這樣的事實是存在的，因此上述所說的盲點主要來自考試領導教學，例如四

技二專的統測仍是以學科能力作為入學分發標準，雖然有繁星、技優、推甄、獨招等不同管道，但這離適性入學的理想似乎仍有段距離。此外，無容否認的，技職生比較愛玩也很會玩，喜歡動手做東西，這反而呈現了他／她們在日常生活中的技能、辦活動、創意創業等層面的能力。最後，若再以北商大為例，財稅系與綜合大學的財稅系最大的差別在於證照要求與實習制度的比重。2015 年 1 月 14 日公布的《技術及職業教育法》第 25、26 條（現行法於 2019 年 12 月 31 日修正），規定專業或技術科目之教師應具備 1 年業界實務工作經驗，這些制度規範均影響了技職大學教育的實施與規劃。

職是之故，我們看到了技職大學與綜合大學的最大不同處：務實致用。技職通識教育切不可複製綜合大學，因為根據上述的整理，兩者在學生組成、系科特徵、課程架構等面向都有所不同。從教育本質來說，每所大學都應根據自己的歷史傳統、地理位置、校務優勢等，發展獨特校風的大學教育——大學應根據自身屬性，建構出大學教育的特色，進而走出通識教育的大學之道！

三、技職大學：打造「務實致用」人才

設若技職大學不走綜合大學的路，那麼，技職通識教育應該具備什麼樣的內容呢？我們可以檢視教育部先導型計畫的實驗內容，勾勒過去 10 年（2007-2016 年）通識教育發展的軌跡來回應。根據教育部《96-99 年度通識教育中程綱要計畫》，各大學應推動能力導向的教學，發展出能培養學生知識反思、整合與創新的通識教育。這個由顧問室（現改制為資科司）打造的優質通識課程時代，帶動了一波通識教育內涵的轉變。例如國文課不再是老師念文言文、解釋字義的枯燥乏味，而是用感恩家書、詩詞吟唱或文學創作等模式取代上課或考試。這時期具里程碑的成就，除了奠定通識教育專業

化外，就是各校逐漸形成通識教育是全校性教育的理念與共識。

　　2011 年，資科司整合歷年計畫理念，推出公民核心能力、未來想像與創意等人才培育計畫，其中 2011 年至 2014 年的「現代公民核心能力養成計畫」作為通識教育方案，倡導倫理、民主、媒體、科學與美學 5 項公民素養，建構出社會參與式學習，而以學生為中心的學習成效評估，帶動了通識課程多元化。這一階段的特色是：專業教育與通識教育互為融通（亦即系科老師與通識老師的合作與互動）、面向網路媒體世代的社區參與、社會行動、以及整合式課程或跨領域課程受到高度重視。甚者，該計畫強調以公共性、自主性與多樣性來陶塑公民素養。2014 年 3 月爆發太陽花學運，如此多的學生聚集在立法院，回溯這幾年的公民意識覺醒，遠因是否為通識教育的影響，或許留待日後的實證資料去證明。

　　眾所周知，2015 年 4 月技職司為了提昇技專校院的學生競爭力，推出「通識課程革新計畫」3 年期補助案，其中針對教學內涵改革，羅列了學生應具備的 6 大核心素養：國際移動、邏輯思辨、溝通表達、問題解決、鑑賞美感、探索創造（2016 年「探索創造」修正為「創新思維」）。革新計畫於 2017 年以全校性的「教學創新先導計畫」過渡後，2018 年教育部改推高教深耕計畫。顯然，當前及未來的技職大學教育思維，我們可歸納出如下要素：做中學，以能力取代知識，以問題解決／案例討論取代書本傳授，知識必須與生活經驗相結合或鑲嵌於具體社會脈絡中。舉例而言，技職生的技術與實用能力相當好，很會做影片或設計 DM、組裝機具、料理食物，因此技職通識教育應該根據學生特性，著重智慧財產權的法律觀、強調機械原理與實踐的連結性、以及突顯在地食品的文化美學。以此，技職通識教育就像幫學生的知能畫龍點睛，培養的是一個有思考能力、關心社會、具世界觀的藝術家、工程師或美食家！

必須注意，教育部的各種指標或計畫補助，只是透過經費挹注方式進行政策引導，大學應自己建構自己學校教育的核心內涵與特色，而不是去期待政府給予指示。職是，在人手一支智慧型手機的5G 甚或 6G 時代，滑臉書對學生來說，就像是吃飯、呼吸那樣熟悉——無論我們稱他／她們為崩世代或滑世代。因之，前述的公民素養按照各大學的教育目標，亦可再增加歷史、法治、資訊等；而技職生的核心素養亦可根據學生的特質，例如科大生打工比例很高的需求，置換成團隊合作、性平意識、多元文化等。

四、培養下一個魏德聖、賈伯斯或⋯⋯

進入 21 世紀的網路時代，臺灣社會面臨許多重大的問題，從都市更新、貧富差距、隨機殺人、轉型正義等等。而整個人類的未來也是深具挑戰的，包括氣候變遷、能源危機、難民問題、恐怖主義戰爭等等。因此，大學教育也要因應複合式問題的出現，融入跨領域或跨科際的思維或課程設計，從而使學生理解到「科技來自人性」的公民人文主義思想。

在技專校院紛紛改名的這幾年，冠上大學之名卻可能逐漸淡忘了應用型知識與技術轉移的重要性。於是，我們想起德國那種實用主義及科學為主的大學目標，德國汽車或工藝技術仍是世界最領先的領域。柯爾歸納現代大學的服務型功能，其特徵是「知識之城」，這提醒我們大學不是多益補習班或證照保證班，那不是大學的功用；其「思想之城」，更提醒我們大學不是職業培訓所或就業轉運站，那也不是大學的任務。真正的大學應當為世界、為國家、為公民社會、為產業所提供的服務是：以實作實驗實習培育出更多的魏德聖，或者在創新創意創業方面製造更多的賈伯斯，又或者如同戰後的愛因斯坦與英國數學家羅素（Bertrand Russell）所展現的

勇氣，敢公開聲明核武的危險而主張和平、堅決反戰。是故，我們
呼籲大學要更重視通識教育，讓學生成為手腦並用、術德兼備，也
有正義感、能包容他者的新公民！

參考文獻

何姆斯、梅爾編（2003），《愛因斯坦的智慧》。漢斯譯。臺北：圓神。

法務部「全國法規資料庫」。網址：http://law.moj.gov.tw。

柯爾（2009），《大學的功用》。楊雅婷譯。臺北：韋伯。

教育部「人文社會科學相關領域計畫入口網」。網址：http://hss.edu.tw。

展望

追尋教學的藝術：
論杜威的教師哲學

陳閔翔
國立臺北商業大學通識教育中心助理教授

本文原題〈追尋教學的藝術：從 J. Dewey 思想衍繹教師角色與教學的美感特質〉，刊於第 53 輯第 1 期的《教育研究集刊》（陳閔翔、洪仁進，2007：87-118），為作者選修林逢祺暨洪仁進教授合開的「當代西洋教育思潮」博班課程之研究成果。感謝林師 2006 年暑假悉心斧正初稿、洪師如沐春風慨允讓我重刊、以及《教育研究集刊》同意授權轉載。為求全書體例一致，再版省略摘要及關鍵詞，特此註明。

一、緒論

　　杜威（John Dewey, 1859-1952）作為 20 世紀最重要的教育哲學家之一，[1] 在其後期教育理論中，最大的貢獻之一是對藝術（art）概念的哲學建構，以及其美學理論在教育學上的啟發。對此，近年來學界已有了初步的研究與共識。[2] 細觀學界之研究，發現其對杜威美學探索，有一個清晰的主軸：亦即沿著羅逖（Richard Rorty）與哈山（Ihab Hassan）的後現代詮釋路徑，嘗試讓杜威脈絡主義（contextualism）的動態特徵能與後現代教育或文藝批評理論接軌與對話，這與當代思潮從現代到後現代的發展若合符節。[3]

　　不過，就杜威思想發展與文本著述來論，杜威的教育美學早在《我們如何思考》（*How We Think*）中即略見一二。例如杜威談到思維方法時，即指出：「教學是一種藝術，真正的教師就是藝術家」（Dewey, 1986: 348）。一般認為，他的美學理論主要體現在《藝術即經驗》（*Art as Experience*）（Dewey, 1987: 1-366）一書中。廣泛說來，該書主要是從日常生活的經驗出發來勾勒什麼是藝術，是延續《經驗與自然》（*Experience and Nature*）（Dewey, 1981: 1-437）的集大成之作，並與《經驗與教育》（*Experience and Education*）

1　本文原典引用南伊利諾大學所出版的杜威全集，該版本乃是目前杜威著作較為完整與權威的版本，分為早期作品、中期作品與晚期作品。

2　國內這幾年，對杜威的美學思想研究有日漸重要的趨勢。主要分為 2 部分：其一是杜威思想的發展與探討，其二是伴隨著教育哲學的美學關懷。早期有劉昌元（1986：113-128）對杜威的審美經驗論、劉文潭（1996：103-118）從《藝術即經驗》分析杜威的美學，都算是從美學切入的重要詮釋。晚近則有江合建（2000：117-152）及謝攸青（2003：119-133），前文是對杜威美學的深入介紹，後者則討論杜威「藝術即經驗」概念及其美學在後現代藝術教育的應用。此外，尚包括林逢祺（2004：45-76）的《教育規準論》及其單篇論文（林逢祺，1998a；1998b），透視教學原理而深富啟發性。

3　例如，大陸學者郭小平（1994：73）從哲學與方法角度認為，杜威跳脫傳統哲學，和後現代思潮的見解有許多不謀而合之處。

（Dewey, 1988: 1-62）成為論證「經驗－藝術－教育」的三部曲。在重要性上，不僅是杜威最為成熟的思想結晶，在教育理論發展上，更是對教育哲學與教育美學有深遠的影響。[4] 質言之，在《藝術即經驗》中，杜威立足於自然主義經驗論（naturalistic empiricism）的基礎上，指出藝術是生活經驗的體驗和表現，藝術作為人類獨特的覺識途徑，可以打破人與環境之間的二分，讓生命獲得完整而真實的實現。

對於教育學來說，杜威教育哲學在美學面向的影響，不僅在課程與學習，亦可鮮明地見諸教師與教學議題的思考。他認為，「依照嚴格的字面意義，教育始於自外部建造心靈的教導（instruction）」（Dewey, 1980: 75）。杜威相信：

> 對教師來說，能留給學生最恆久的印象，是因為她喚起學生新的智識興趣，是因為她能把自己對知識或藝術領域的熱忱傳遞給學生，是因為她能給學生求知的渴望及發現到學生他自己的動能。（Dewey, 1986: 329）

故所謂的教學，應是指「教師能夠傳播知識，激勵學生藉由意識知覺和身體活動的窄門，進入更為豐富與更有意義的人生」（Dewey, 1986: 352）。對教師來說，要做到這點因此需要專業知識與技巧方法，同時也需要教學熱忱與信仰。事實上，不僅教學是門藝術，其實學習與思維也都是一種藝術，這是杜威晚期作品中，反覆申中的核心觀念。[5]

最近從這個角度，完整發揚杜威教育思想之教學藝術概念

4　Burnett（1988: 203-207）認為杜威成熟哲學之一就是討論美學經驗的角色，而杜威教育理論的邏輯與思想就在這些晚期作品中完成。

5　根據 Brigham（1984）的看法，杜威關於特質或質性（qualitative）此一概念的思想，即是藝術教學的基礎。

的，當屬 Simpson、Jackson 及 Aycock（2005）所合著的《杜威與教學的藝術：邁向反思及想像的實踐》（*John Dewey and the Art of Teaching: Toward Reflective and Imaginative Practice*）一書。該書作者透過杜威對教學技巧與教師本質的看法，批判性的轉化與構思出一種具「美感／美學」（aesthetic）的教師形象，成為應用杜威教育思想頗為成功的範例。倘若教育的核心問題可以分為 3 大面向：教師（含師生關係）、教學與課程的話，那麼，Simpson 等人對杜威的闡釋，正是一種理想教師圖像的探索，這雖與教學有所關聯，但其要旨並不停留於具體的教學活動設計或學習內容安排，而是一種揭顯「教師」要追求教學的藝術境界或美感層次的「哲學」——從教學來看教師，這種「哲學性教師」與「藝術性教學」的教育意念，形成教師的哲學基礎——這個教師哲學（philosophy of teacher），反應出教師應遵循的教育原則、基本精神及應具備的教學技巧與特質。[6]就如 Simpson 等人所言，「意念與圖像能夠幫助我們理解藝術家的工作——不論是劇場裡的導演或教室裡的老師，正向與負向的意念都能澄清那些我們希望去促進的與勸阻的內容」（Simpson et al., 2005: 7）。

　　基於對杜威哲學的關注與當代教育思潮的發展，本文的目的有3：首先，梳理杜威哲學中關於經驗、自然與藝術等概念的基本涵義，特別是《藝術即經驗》一書的美學要義，以說明其對理想教學特質的啟發性；其次，根據杜威的教育信念，衍繹出杜威的教師哲學，主要著重在 3 種教師角色的勾勒與分析：藝術家、民主服務者與具有關愛的師者；最後，希望能透過藝術這個融貫於杜威經驗哲學的核心概念，開展杜威教育思想的美學論述。由於藝術對杜威來

6　本文所談論的「教師哲學」主要是指對教師角色的哲學性探索，目的在指出教學的內涵與特質，英國學者 Tubbs（2006）所建構的教師哲學也有相似的觀點。

說不僅是一種表現形式，具有經驗特質，同時也是對道德、政治、社會及教育等各種關係的實踐，因此，若能敘明藝術在前述關係中的意義與應用，將有助於我們瞭解杜威的教學藝術觀。

二、從教育哲學到教育美學

　　杜威的思想奠基於經驗論，瞭解這個與知識論息息相關的背景與哲學立論，有助於我們理解杜威對教學的基本看法。大體而言，知識論關心的是知識的性質及其形成的條件，但西方傳統哲學著重在主體與客體的互動，意即採取二元論的思維，傾向將原本具象的認識方式抽象化。相對於此，杜威反對任何二元對立的理性哲學，他認為人在本性上與在常態中是一個整體，「只有理性與感性、意義與價值、事實與想像融合一體，才能形成品性與智慧的整體」（Dewey, 1986: 341）。他對經驗主義知識論的提倡，反對的正是西方二元論形上學傳統所帶來的種種科學與價值的衝突而設定的一種形上學（劉昌元，1986：114）。[7]

（一）經驗、自然及教育

　　宏觀來看，深受唯心論影響的杜威，後期哲學的目標是希望去掉黑格爾（G. W. F. Hegel）抽象式的反覆思辨，將知識放在寬廣經驗的背景上，成為對經驗探索與生活反應的結果。在當代思潮的發展中，羅逖曾評論：自笛卡兒（René Descartes）、洛克（John Locke）與康德（Immanuel Kant）以降所發展出來的系統哲學，奠定了非經驗性的科學、道德、宗教與藝術知識，成為一種理性主義的真理，但相對於這種基礎主義知識論，20 世紀的維根斯坦（Ludwig Wittgenstein）、海德格（Martin Heidegger）與杜威等哲學

7　關於杜威的形上學思想，可參考李常井（1987）與 Boisvert（1988）的分析。

家，則試圖將哲學放回到日常生活中，目的在希望幫助讀者或社會整體，擺脫過時陳腐的語彙和態度（Rorty, 1979: 11-12, 365-371）。換句話說，杜威對哲學的改造，目的不僅在提出一套論述來證成自由社會的實際基礎——特別是以美國為主的民主社會，且欲保留啟蒙自由主義的文化生活特徵，拋棄傳統理性論的枷鎖，將哲學置放在對時代的洞察，進而能夠對社會現象做出具體改善的論述。正是在這個意義上，才是杜威強調共同經驗（common experience）的生活面向，產生連結藝術與文明（civilization）的力量，因而饒富教育的意義（Dewey, 1987: 329）。

杜威根據經驗、自然與藝術，逐漸發展出他的教育哲學。杜威之所以從自然來探索經驗，最主要的目的與要旨有 2：第一，揭示哲學的實用導向，在《經驗與教育》〈前言〉中，杜威即表明：「教育哲學的工作，並不意指把對立的思想學派相互調和，也不是在尋求中庸之道，它的任務意在引導出一套新秩序觀，以便指導新實踐模式的需要」（Dewey, 1988: 3）。這種思維在《民主與教育》（*Democracy and Education*）中也有類似的定義：

> 就實踐系統有根本不同的來源與目的來說，「教育哲學」不是一種現存觀念的外在應用，它只是一個關於當代社會生活困難所形成的正確心態與道德習慣等問題的清楚陳述。（Dewey, 1980: 340-341）

杜威認為學習的動機或求知的欲望，主要是人類遭遇到問題，而欲尋求理論或哲學來測試其是否能夠對實際問題有所解釋或解決困難。是以，杜威認為哲學與教育的關係，正好就在理論與實際兩者的整合之上，慎重的說，「哲學是作為指引實踐的教育的理論」（Dewey, 1980: 342）。

　　第二個也是更為重要的意義是，杜威相信經驗研究可以掌握人與環境互動的真實性——即人類行動與社會的關係，進而藉「自然消解理性與經驗的對立」（江合建，2000：124-125）。杜威相信形上學研究也可以是經驗研究，這是因為自然代表的是整體的存有（being），包括人、環境與事件等，自然乃人類生活真實現象的一種反應，人無法脫離自然，由其組成的社會關係與互動過程，其實都是自然的一部分。故杜威經驗意涵中的「自然」包括人所屬的各種脈絡，而所謂的教育，便代表我們可藉由經驗與自然的各種體現，從人的過去、現在與未來的發展脈絡中，找到我們在社會生活之中的結構特徵，並將之用於藝術實踐及教育等各種社會活動的探索之中。[8]

　　在《杜威全集：晚期著作》（*John Dewey: The Later Works*）第四卷中，Toulmin 的〈導言〉就指出，杜威這種觀點有一個特殊性：亦即從知識「真理」的判斷上，社會環境涉及到的偶然與必然之命題，代表著一種「知識與行動的關係」（Dewey, 1985: vii-xxii）。從自然主義經驗論來理解知識與教育時，學習行動仰賴的是建立有效的思維方法，而思維方法在偶然和必然的脈絡中，又是一種需要明智判斷的藝術，因而杜威才說：「思維即是一種藝術」（Dewey, 1986: 182）。準此，「藝術—經驗—自然」是三位一體的概念，[9]之所以具教育性，主要在於其必然回歸學習歷程與對真理的探求。杜威

8　Dancy（1985: 125）認為，只要依經驗主義所建立的知識便有邏輯體系，就符合外在論與內在論的一致性。限於篇幅與重點，本文不擬深究杜威這方面論證的問題，關於他自然主義哲學之證成與批判，可另見 Dalton（2002: 147-251）從藝術、政治與科學的意識潛在轉變之討論。

9　這是 Alexander（1987）對杜威理論很重要的詮釋。Alexander 指出這 3 個要素是我們「感知的地平線」（horizons of feeling），亦即生命邏輯、心靈認知與意義理解的眼界。故 aesthetic 這個字在杜威教學美學上的意義，其實包含了感情與感覺等情感層面，關於這點，非常感謝審查人提供的詮釋角度。

清楚的寫著：

> 學習就是要學會思維（learning is learning to think）。……教
> 育的定義應該是經驗的解放和擴充。……學習，它的正確涵
> 義不是學習事物，而是學習事物的意義。（Dewey, 1986: 176,
> 277-278, 306）

　　綜上所論，我們應該可以理解杜威為何認為經驗富含教育的意
義，因為他相信真正的教育來自經驗，教育是經驗持續不斷建立、
重組、轉變與發展的歷程，故「以經驗為根基的教育，其中心問題
是從各種現存經驗中選擇那些隨之而來豐富又具創造性的生活經
驗」（Dewey, 1988: 13）。在杜威心中：

> 教育是從經驗之中（within experience）、藉由經驗（by experience）
> 和為了經驗（for experience）的一種發展，藉此我們對於經驗是
> 什麼愈有清晰的概念，就愈能表述明確與真誠的主張。（Dewey,
> 1988: 13）

　　由此可見，杜威的思想由一種根源於自然的經驗哲學所支撐。
不過，這並不表示所有的經驗都具有教育性，杜威認為，只有經驗
的連續性（continuum）與互動性（interaction）才是生活與教育聯
繫的樞紐。為了更深入瞭解經驗所產生的教育意義，以下我們將對
「經驗的連續性」與「經驗的互動性」做更具體的闡述。

（二）美感經驗的追求：五種經驗之解析

　　對杜威來說，藝術與其他人類活動形式是同在社會中發生，
並不是存在於另一個領域而與人類日常活動斷裂。藝術脫離不了自
然，也脫離不了人們的日常生活的經驗（Dewey, 1987: 11）。對於藝
術的生活經驗與藝術家的察覺特質，杜威曾如此界定：

藝術意指作為或創造的過程。……藝術包含黏土的形塑、大理石的雕琢、青銅的鑄造、顏料的塗抹、建築的構造、歌曲的吟唱、樂器的彈奏、舞臺上角色的扮演，以及在舞蹈中的律動。……當察覺結果的本質是如預期一般，能控制其產生的問題之特質時，作為與創造就是藝術性的。……當藝術家在工作的時候，藝術家在他自己工作中體現這個察覺者的態度。（Dewey, 1987: 53-55）

換言之，藝術嵌合在生活經驗之中，而杜威以為「我們大部分的人不能成為藝術家，所缺乏的並不是起初的情感，而僅僅是執行的技術能力。這個能力是能夠使模糊的觀念與情感轉化成某些明確工具的條件」（Dewey, 1987: 82）。

在《藝術即經驗》第三章，杜威解釋了「一個完整經驗」（an experience）的特質與內涵。簡言之，他是以「是否具有美感」來辨明我們真實生活經驗裡的各種共同經驗。所謂的「經驗」與「一個完整經驗」是有差異的，唯有具美感的特質才稱得上是一個「完整經驗」：「美感並非閒置的奢侈或卓越的理想，它闡明且增強了每個完整經驗的特徵」（Dewey, 1987: 46）。故只有美感經驗才是完整經驗，而「藝術家真正的工作，便是在恆定變動的發展中，促進與之理解相符的一個完整經驗」（Dewey, 1987: 57）。

具體而論，杜威主要是以「突出、圓滿與自我主觀之經驗」、「經驗的內在統一性」、「情感的融入與整合」，以及「作為（doing）與感受（undergoing）之平衡」等4組概念特質來說明一個完整經驗（Dewey, 1987: 42-47）。前兩者表示，一個完整的經驗是能完成一件事，當我們完成一件事時會有滿足且特別突出的感受，同時因為它具有連續性，所以不僅能與外在的歷史脈絡連繫，也將個人內在的生命經驗統一起來。而後兩者則表示，這個完整經

驗能夠使情感融入並整合其他自我持續變化的特質,這是一種互動作用下的經驗,即它不單只是作或受而已,完整經驗的形成與結構是兩者的共同組成。

進一步分析,根據杜威的連續性與互動性 2 項原則,Simpson等人將學習經驗描繪成 5 種形式與進展:(1) 麻木經驗(anesthetic experience)。(2) 無美感經驗。(3) 經驗。(4) 一個完整經驗。(5) 美感經驗(Simpson et al., 2005: 132-138)。前兩者缺乏與外界真實互動,因此有經驗之名卻無經驗之實,故是「假的經驗」或「非具有經驗內涵」;後三者是「真的經驗」,但層次略有不同,第三種經驗過於平淡而無突出性,第四種完整經驗因具有前述 4 種特質,成為教學所要追求的目標,並且對教師來說,終極鵠的是希望能達到第五種「美感的經驗」。以下,我們可以透過經驗光譜的圖示表明其特徵與差異,並據以解釋:[10]

| 麻木經驗 | 無美感經驗 | 經驗 | 一個完整經驗 | 美感經驗 |

圖 真實經驗的連續性光譜

資料來源:改編自 Simpson et al(2005: 132)表10.1。

---

10 審查人提醒:杜威思想有「中庸圓融,不喜歡極端的概念和機械的分類」特色,故介紹杜威思想應避免延伸過度;並指稱不應將藝術與非藝術明確切割,美感經驗與非美感經驗也不必清楚二分;進而認為這裡的 5 種經驗解析,比起二分法,「只是五十步笑百步,仍然背離杜威的思想特質」。然必須澄清的是:本文此處的意圖,並不在於分類學上的範疇解析,而是在說明經驗內涵的各種面貌,我們承認任何藝術或美感經驗之中也會有非藝術或非美感經驗成分,反之亦然。因此這裡僅在表明經驗的「特質」,而非證成經驗的「類型」。對於審查人的教正,筆者認為有必要闢此註腳來回應,而更為細節的論證,則有待來日另文探究。

1. 麻木經驗

指的是毫無生氣與反應的經驗。例如，在上課中打瞌睡。在圖最左方代表這樣的情況，學生的臉孔呈現眼神呆滯。

2. 無美感經驗

教學活動是機械化的，雖比麻木經驗較有反應，但由於師生無互動，也缺乏與生活連結，使得學生感受不到有興趣或任何意義。例如，學生的表情可能會出現哈欠連連、獨自神遊冥想或甚至不以為然的樣貌。

3. 經驗

這個經驗層次雖不像前兩者如此呆板，但由於教學是片斷、碎裂與鬆散的，故學習是沒有體系的。它讓上學變成只是跟吃飯或睡覺一樣的平庸，雖有所得，但下了課學生就可能記憶模糊，也無法具體完整地說出學習心得。

4. 一個完整經驗

它的經驗歷程有連續性與互動性，因此學生會露出微笑或同意（或不同意）的表情，成為「永難忘懷的經驗」。例如，教師講解到守法的時候，學生願意分享他曾經闖紅燈的經驗，也願意傾聽其他人犯罪坐牢的心情，因而對「民主法治」有更深刻的理解。杜威特別用斜體 *an* 來標示「一個」完整經驗對個體的特殊性，因為完整經驗統合、實踐、完滿與自我實現了經驗的內容，使個人成為有意義且有價值的整體。

5. 美感經驗

它更進一步把完整經驗變成美妙與具創造性的藝術經驗。學生

的反應將更為明顯回饋到老師身上，學習將不是只有單向的表達、雙向的互動討論，它進一步結合自身的生命經驗，產生反省、批判或轉化活用的可能。因此，美感經驗就是一種藝術經驗，它延伸與擴大了完整經驗的藝術性，讓教學與學習更有想像力與創造性。當教學能到達這個境界，這種學習經驗就具美感特質且深具教育意蘊。

誠如 Berube 所言，杜威在《藝術即經驗》的目標是描繪出美感或藝術經驗的本質（Berube, 1998: 211）。而從完整經驗到美感經驗的提昇過程，作為與感受是任何經驗最重要的 2 個元素（林逢祺，1998a：66），杜威稱之為「作為」與「感受」在美感之中的韻律調和（rhythm）（Dewey, 1987: 178），它讓一個完整經驗達到某種適當的動態平衡，同時也是高度情緒的充分表達（Berube, 1998: 212），這就好比欣賞《悲慘世界》（*Les Misérables*）舞臺劇的時候，[11] 透過演員生動的肢體表達，當劇情落幕的瞬間，只要對人性與生命苦難有所共鳴的觀眾，都會感動於演員的演繹而落淚，而演出者感動謝幕與觀眾融合在一起的景象，是情緒舒展達成平衡的狀態，象徵著藝術創作者與欣賞者（觀賞者）之間的互動美感，此即是作為與感受的極致顯現。杜威相信，「美感經驗是文明生活的顯示、紀錄與慶祝，是促進文明發展的媒介，同時，它也是文明素質的最終判斷」（Dewey, 1987: 329）。

因此，對經驗內涵的詮釋與判斷將是審美觀的展現。在杜威的思想裡，教育就像是藝術創作，只是它的對象是「人」（特別是兒童與青少年），若要具備美感的教學特質，唯有透過藝術經驗才有可能達成。

---

11 《悲慘世界》是 19 世紀法國大文豪雨果（Victor Hugo）的名著，描寫當時中下階層的社會現實生活，是一部充分展現思想、歷史、藝術和生活經驗的小說。

三、追求教學的藝術

以上大致分析了杜威教育思想的基本論題。接下來，我們將就相關的教學藝術內容展開教育美學的推衍。[12] 誠如林逢祺所言：

教育活動不僅要合乎真理和道德的規準，還應在美感上追求卓越。而教育美學的任務即在協助教育活動實踐美感的要求，其關照面至少有 2 個：一是提昇審美能力及美感創造力的美育部分；二是教育過程，內容與環境如何美化的教育藝術部分。（林逢祺，1998b：156）

雖然就學科性質來說，美學一般劃歸在哲學，但就概念範疇上，對教學藝術的美感討論，其實涉及的是人與人（師生）之間關係的確認，它關心的是個體與群體關於善（good）的普遍性價值判斷，因而呈現出倫理學的向度。[13] 換言之，唯有在普遍性的基礎上，對教學的運用才較貼近杜威倫理學的實用性意義（Welchman, 1995）。據此，我們不妨分別從教學基本信念、教材教法之選擇與講課等 3 方面來勾勒。[14]

---

12 在討論藝術這個字之前，我們有必要釐清它的意義。在杜威文本中的用法，藝術是很廣泛的概念，大部分的地方指藝術（少數地方指技藝或工藝），而 aesthetic（美學的）多以形容詞結合名詞出現，偶爾用 artistic（藝術的）來描述藝術創作，但 esthetic（美感的）最常出現，多用於藝術的欣賞或感受的說明。

13 例如康德（2004）在《判斷力批判》（*Critique of Judgment*）中，就把對善的鑑賞能力當作審美判斷，而不論是審美判斷力或目的論判斷力，都是倫理學的範疇。關於美感判斷過程的主觀性與客觀性問題，有興趣的讀者可參閱林逢祺（1998b：161-166）的解說。

14 本文不擬從芝加哥大學實驗學校的設計教學立論，關於杜威實驗學校與課堂上的教學實踐之問題，可見 Fishman 與 McCarthy（1998）、Russell（1998: 193-210）、Tanner（1997）與 Wirth（1989）。尤其是 Wirth（1989: 119-305）該書第二部分對杜威實驗學校的課程與方法的討論。

（一）教學基本信念

首先，根據杜威在《我的教育信條》（*My Pedagogic Creed*）的說法，教學並「不是單純的個體訓練，而是從事適當的社會生活之形塑」，他相信「每個教師都應該瞭解她職業的高貴，在於她是一個社會服務者，專門維持適當的社會秩序，確保正確的社會成長」（Dewey, 1972: 95）。可見教師不只是教室裡的教學者，她更肩負建造和維持民主的責任，教育目的隱含某種社會服務。在該信條的宣示中，杜威簡單明瞭地指出了他的教育綱領：[15]

> 所有的教育之所以開始，主要是透過個體參與民族的社會意識。……進而轉變他們能夠以社會服務的方式成為他們的社會價值。……因之，我相信，這個藝術所形塑的人類力量，並使人們得以適應社會服務是最高的藝術。一個能召喚服務的最佳藝術家，若沒有識見、同情心、機智與執行力，就不會有這樣極偉大的服務。（Dewey, 1972: 84-86, 94）

這意思是說，教育最主要是讓一個個體（或兒童）變成一個「人」，能夠理解他的生活處境，啟發他的社會責任，並進一步具有服務參與的公民意識。杜威相信教學藝術來自於教師有這4種理想特質：以其洞悉世事的遠見、豐富的同情心、敏銳幽默的機智及其恆毅的執行力來從事教學。可見，「教育—藝術—民主」也是環環相扣的，教育扮演社會功能，教師的職責是為民主服務，而教學藝術便是實現這個公民生活教育的重要手段。

杜威非常強調教學與生活的連結，他主張「教育即生活」，生活是經驗持續不斷的重組和改造（Dewey, 1980: 14-45）。因此，回

---

15 分5大部分，包括教育、學校、主科教育、教法本質、學校與社會過程等，以條列的方式呈現他的基本信仰（Dewey, 1972: 84-95）。

到教育的本質，教學若完全脫離生活經驗層面，是無法具有學習上的共鳴。換言之，教學必須是一種經驗的學習，例如對一個自然科教師，要學生分辨各種蝴蝶的生態或植物的生長過程，最好的教學是帶他去森林裡實地觀察；而對一個社會科教師，要學生明瞭多元公民生活的各種民主參與，最好的教學是帶學生到議場旁聽席親身聆聽開會的實景。不論如何進行教學，最重要的原則是：回到學生能夠感受的日常生活。

因之，對一個想要追求藝術性教學境界的教師來說，所必須具備的教師哲學，就是一種哲學性教學，對學生之引導具有啟發性、思考性、邏輯性與懷疑性。杜威說道：「哲學可說是在驚奇中開始而在瞭解中結束，藝術則始於所能瞭解的而在驚奇中結束」（Dewey, 1987: 274），故根據杜威的信念，教學不僅是一門學科，更是一門如何能生活化的藝術，重要的不是教師「如何教」，而是學生要「如何學」。生活化的教學，往往一場精彩的足球賽、一曲動人悅耳的音樂、一部引人入勝的小說情節、一次慈善的社區服務、或一次參與古蹟保存的社會運動，都足以讓學生留下深刻的印象，造成良好的教育認知與學習效果。對杜威來說，這種情境的教學設計，在教育的應用上取得了相當程度的社會意義（Dewey, 1980: 14-45）。

（二）教材與教法

在教材教法方面，杜威相信有美感的教學是能提供解惑、引發知識欲望的反省思維。傳統教學最主要的問題在於：把教育當作一種紀律，例如考試測驗，教師設下標準與規範，學生的「學習」就是以達到其標準的訓練，因而教育活動淪為空洞的、機械式的、奴隸化的勞動，例如死讀教科書，這會讓教師與教材之間、教材與教法之間相互分離。教師若能妥善運用教材與教法，則將收事半功倍

之效,他寫到:

> 教學的過程應該整合在如下的層次上:集中於讓學生產生良
> 好的思維習慣,……簡言之,教學方法是一種直接朝向知識
> 性目的活動的藝術方法。(Dewey, 1980: 170-177)

　　杜威深信老師單向的傳播、師生之間沒有互動、學生被動吸收
而無內在反思,都是讓學習沒有樂趣、教師失去熱情與教育性喪失
的主要原因。他曾舉《小婦人》(*Little Women*)的故事為例說明,
一個受過教育的婦女,把她在工廠當工人的經歷記錄下來,想要講
給女工們聽,但女工們興趣缺缺,反而,女工們想知道的卻是富豪
名流的生活世界(Dewey, 1986: 349-350)。這個例子說明了,學生
對已知或熟悉的教材是比較沒有興趣的,反而對新的或未知的事物
比較好奇。對教師來說,教學上就必須善用人性對新奇的熱愛,來
誘發學習與思考的動力。一般而言,我們常用舊的或現成的觀念或
素材來解決問題,但卻可能因為新鮮的知識刺激學習動機。關於這
點,杜威認為遠和近的問題,重要在於新與舊之間保持平衡,亦即
「近的提供觀察,而遠的提供想像」(Dewey, 1986: 351)。教師透過
觀察學生的反應,必須在教材的新、舊之間,以及與學生生活經驗
遠、近之間取得一種平衡——這個教材、教法之取捨便是老師教學
藝術的展現。

　　不論使用何種教材與教法,杜威認為關鍵之處在於:能不能激
勵學生反省思維的能力,而評斷的方式在於學生是否能「活用」而
非「死記」。這種使材料變成知識的技巧,杜威認為對心靈而言,
它像是一座橋,從懷疑過度到發現答案,教師在此就扮演某種智識
上的仲介者(Dewey, 1980: 196)。歸納而言,杜威認為學習者如果
能具有主動性、目標性、完整性與繼續性,[16] 那麼,教師基本上就

---

16 這4點觀察指標,詳見林逢祺(2003:235-248。2004:65-71)。

達到讓學習產生趣味而又能讓學生發揮欣賞的能力。

（三）講課

再者，根據這些教學理念，那麼一位想要追求美感教學的教師應該如何講課（lecture）呢？在整個教學過程中，杜威認為講課所展現出的方法，便是對教師的教育技巧一個嚴峻的考驗（Dewey,1986: 326）。例如，教師如何判斷學生理解現狀的能力，以及為引起學生理智的反應而提供種種情境的能力等。

對此，杜威批評傳統記憶性或複述性的講課教學是一種被動性的學習，其弊病就像留聲機的唱盤，上面印著一套文字，一到考試時一句不差的復現；或把學生當作池塘，用一套導管把知識機械性注入，需要的時候又用另一套導管把知識抽出，教師所擁有的技巧便以學生操作這種輸入與輸出的能力來評定（Dewey, 1986:327）。杜威認為記憶與複述雖不可少，但卻只是養成反省思維態度的偶然因素而已，然而，這對學生卻造成一種被動性學習態度，而「被動性不僅表示缺少判斷和理解，也表示好奇心的減弱，導致思想混亂，使學習成為一樁苦差事而索然無味」（Dewey, 1986: 327）。準此，杜威提供了教師在講課時應注意的 3 項目標或作用（Dewey,1986: 327-333）：

第一，講課要刺激學生理智的熱情，喚醒其對理智活動和知識及愛好學習的強烈意願。

第二，講課要指導學生形成良好的學習習慣，如果學生具有這種興趣和感情，並且相應地受到鼓舞，那麼，講課就會引導他們進入完成理智工作的軌道。

第三，講課要有助於組織理智已經取得的成就，檢驗它的質

量，特別要檢驗現有的態度與習慣，從而保證它們將來產生更大的效果。

據此可知，杜威主張的經驗學習核心在引起動機、發展興趣、認識自我與培養個性，而非記憶背誦、不思懷疑或只信守唯一答案。講堂上，教師要做的是「問問題」，而不是「給答案」，這種提問的藝術，杜威認為就是教學所表現的 2 種藝術：「向學生提問，指導他們的探究和養成他們獨立探索的習慣」。故所謂「提問的藝術，完全是一種指導學習的藝術」（Dewey, 1986: 331）。杜威繼續寫道：

> 問題的衝擊與刺激，將會強迫心智竭盡所能地思尋，若沒有這種智能的熱情，即使最靈敏的教育學方法也無法奏效。……教師的實踐問題是在如下之間保持一種平衡：既不能表現和講解太少，以致於無法激勵起學生的反省思維，同時也不能表現和講解太多，從而壓抑學生的思維。（Dewey, 1986: 333-334）

在教學過程中，教師如果能善用這種平衡，講課所散發出來的魅力，往往就是能對學生產生具有吸引力的教學，因為根據美感經驗，教師已不是在教書本了，而是在進行一場美妙的創作活動。

（四）小結：教學的美感特質 [17]

從教與學的角度來看，最後，我們可從 2 方面來總結其美感特質。一方面，杜威教育理論最重要的遺產乃是「做中學」（learn by

---

17 這小節原題「追求美感的教學」，審查人指出本文在「教學的美感特質」部分草草帶過，且標題上也沒有一個單獨的段落充分發揮。作者非常同意，故這裡從如流將標題置換，並用將近 2 頁的篇幅討論其內涵。非常感謝審查人細心的指正，讓文章結構更為嚴謹與完整。

doing）這個概念，[18] 亦即從經驗之中去學習與實踐（Jackson, 1998: 166），做中學意指學習強調學生主觀與直接的生活經驗，以及實作與摸索的體驗過程。杜威相信，讓學生花 3 個小時自由地英文詩創作，學習成效遠甚過於教師單純講解英詩的寫作技巧與理論。「做中學」在教育的深層意義乃是讓學生成為學習主體與知識的參與者，有表達與動手實作的空間與能力。延伸而言，當教師在介紹尼采（Friedrich Nietzsche）的藝術救贖論時，儘管講解日神與酒神之內容多麼精彩，最關鍵的環節還是要讓學生親自去閱讀《悲劇的誕生》（*The Birth of Tragedy*），讓學生直接從原典中感受文字所傳遞的訊息，爾能讚嘆與體會出各種面向的生命態度與審美哲學。

另一方面，若是與教育美學放在一起審視，學習本質上是一種非常獨特而迷人的個人認知經驗，教師最主要的工作是促進意義的理解，不只是世界的意義，更是經驗的意義（Jarrett, 1977: 430-434），而任何意義的學習一定都來自事件（events）的理解。[19] 故「有美感的教學」，與其理解成是對教師教學的目標追求，不如把它視為是一種教育情感自然散發的投射，因為「意義可以如同認知一樣用感覺的」（Jackson, 2002: 168），它之所以獨特是因為完整經驗的學習所深入的，不僅是客觀理智也是主觀情感的層面，「感覺與意義的各種形式相連結，不只是外加於我們人類理性的多餘東西，它們是一把完全理解而非部分理解某物意義的鑰匙」（Jackson, 2002: 168）。也就是說，當教師透過電影《美麗境界》（*A Beautiful Mind*）多媒體教學時，片中諾貝爾經濟學獎的故事所觸發到的，不會只有精神分裂與親情等可怕又溫馨的震撼感受，更可能進入到學

---

18 關於做中學的解釋，感謝審查人的提示。

19 Cunningham（1994: 215-221）指出，晚期杜威對自我觀的重要隱喻是從「事件—意義」連結到個人的反思經驗，最後成為一種自我個性與發展的獨特潛能。

生心靈最深處對人生價值與自我認識之反芻，若是學生有相似的生命經驗，則潛藏的教育性將裨益揮發。因而有學者評論說，「感官的發展與整合變成有意義的經驗，就是美感的經驗」（Shearer, 1977: 405）。

綜合觀之，藝術具有實用的價值。杜威歸納說：「藝術是最普遍的語言形式，也是最普遍與最自由的溝通形式，藝術對人的貢獻在於，它表示人們知道並應學習社群聯合的起源與命運的力量與重要性」（Dewey, 1987: 275）。Costantino（2004: 402-403）指出，杜威所強調的行動、實驗與實踐，本質上都是為了學習與成長，因為藝術是一種活動，它訓練的是關係的認識或意義的構造等領悟力。杜威的藝術論述，反映出他對教師教學的深切期許。

然在追求教學藝術的過程，教師必然遭遇手段與目的的衝突，也就是「要如何教才能讓學生學到」的問題。杜威曾經用了一個生動的譬喻來解釋什麼是教學。他指出，我們可以把教學和出售商品來比擬：教與學相對，賣與買相對。一般來說，東西沒人買，就不可能有人可以賣出商品，但如果有一位商人聲稱，即使沒有人買他的東西而他還能夠賣出商品，這應該會是個天方夜譚吧！對應在教學上，杜威提到：然而或許有些教師，他們不問學生學到了什麼東西，而竟自認為他們做了良好的日常教學工作。其實，教與學兩者的「值」正好是相等的，就像買和賣兩者等值一樣（Dewey, 1986: 140）。對教學來說，教師不可能只單向考慮自己的因素，想要提高學生的學習，必須認知到：

> 教師是嚮導和指揮者。教師掌舵，不過驅策前進的能量必然來自正在學習的學生。教師愈是瞭解學生過去所期待、所想要及

主要興趣的經驗，將愈可以更好地理解在教學時，其所需要指導並利用形塑學生反思習慣的動力。（Dewey, 1986: 140-141）

Garrison（1997）將這樣的教學藝術標誌為實踐智慧（practical wisdom）或實踐理性（practical reasoning）的能力展現，教師所權衡的是「教」與「學」的動機與欲望，以及兩者之間的關係，教師是啟發者與指導者，重在誘引學習，而不是命令者與強迫者。借Garrison 的用法，教師的角色就像愛神邱比特（eros），擁有愛、熱情、職業之善與邏輯才能，但永遠只是媒合者，不能越俎代庖。然這些特質如何在一位教師身上展現呢？或許，答案就在想要追求教學藝術的教師身上找尋。

四、教師哲學之建構：三種教師角色的衍繹

根據《杜威與教學的藝術》一書的勾勒，教師的角色可歸納成 13 種形象：藝術家、愛者、聰明的母親、領航者、園丁、教育拓荒者、服務者、社會工程師、創作者、有智慧的醫生、建造者、領導者以及教室裡的老師（Simpson et al., 2005）。細觀這些角色，主要是運用隱喻（metaphor）的方式來描繪藝術性教師（artistic teacher）的特質，而隱喻正是藝術常見的表現方式，它透過某種特徵、顏色或符號，例如以青綠色代表原野大地，進行曲代表莊嚴肅穆，據以理解「任何意識對比下的行為結果」（Dewey, 1987: 82）。

所以，我們常把老師比喻為園丁，有時又期待她成為社會工程師，這一節，我們將根據杜威的思想邏輯，適度地深化 Simpson 等人的看法，提煉出 3 種最具代表性的教師典型，來捕捉理想教師的哲學圖像。不過，必須先說明的是：我們無法窮盡教師的所有角色，而只能延伸出教師較為顯著的象徵性內涵。易言之，任何角色

的舉例只是在說明在各式各樣的角色中：教師是什麼？以便幫助我們思考教學是什麼？[20]

（一）教師即藝術家

教師需要追求教學的藝術，表明了杜威的教師哲學有一個清晰的意念：教師即藝術家（teacher as artist）。杜威同意要教師保持像有創意的藝術家是困難的，但正因為藝術性教學不容易達成，所以反倒更值得去追求。杜威寫道：

> 成為有創意的藝術家總是困難的。然而，倘若我們明白這點，我們應該更快地起而行，如果教育要配得上稱作專業的話，教育就必須被當作一份藝術工作。這就像音樂家、畫家或藝術家一樣，都需要熱忱與想像力等個人特質。這些藝術家或多或少都需要機械性的技巧，但若到了喪失個人視野的程度時，就成為其技巧支配的附屬品，將降低藝術家的層次與水準。（Dewey, 1982: 186-187）

在這段引言中，清楚說明藝術性教學至少應具備 4 個重要的特質：熱忱、想像力、技巧與視野（Simpson et al., 2005: 13-14）。杜威期許每位教師與未來教師都應該擁有或培養這些特質與意識，成為教師角色的基本認識，不僅提示了教學前的心理準備，也反應了教師的成熟度與專業發展。

進一步申論，首先，根據杜威的看法，教師若要成為藝術家，

---

20 審查人評論本文：「重新探討作為一位教師對教師角色應採取的思考方式，整理並衍繹 3 個教師藝術的取向」，但對「3 個角色如何在一位教師的教學行為中彰顯」則認為討論的不多。對此，筆者認為 3 個角色之間的關係，正如 Peter Winch 的觀點，不是類別上的區隔，而是程度上的分明，因此，在一位教師的教學行為中，或少至 1 種，或多至 3 種，都有可能彰顯，據以呈現教師角色的多元風貌。以上簡短回應，但仍要感謝這位審查人的肯定與指教。

先要熟悉教學素材，於是，技巧乃必備的能力。杜威並不排斥低階的教書匠（artisan），反而他認為從「很會教」（匠）到「教得好或教得具美感」（藝術家）勢必經過一番轉折與提昇，如同林逢祺所說的：技巧只能成匠，要有「師」者之藝猶待博通（林逢祺，1998a：61）。但是教學不能一直停留在很會教，教師應該盡量提起或刺激學生的興趣、動機與好奇心等內在動能。故藝術「家」與「匠」的區別，最主要的差異在於工匠缺乏創意，像零售商一樣只在販賣知識，設定題目、照表講課——教師成為只會遵循他人藍圖的藝術匠——失去了教育過程中趣味與好奇的任何可能性。

　　教學並不是死板的知識傳授，而應去激發任何可能引起學習的潛質。根據杜威，成為藝術家教師的關鍵在於是否具備想像力與創造力，這是構成藝術不可或缺的要素，有想像力必然會有創造力，兩者能從刻板公式化與機械性的慣性中跳脫開來，從已知的狀態進入新奇的境界（Dewey, 1987: 268-270）。有想像力與創造力的教師，培養出來的學生素質也較具想像力與創造力，沒有想像力的教學則容易成為枯燥的學習，不但無法提起學生的注意力，往往教師也會因此失去教學的動力或興奮感。所以說，「教師即是培養會思想的人」（Simpson et al., 2005: 7）。教師即藝術家代表了教師的基本態度與認知，驅使教師必須在教學技術上提昇到一種「技藝或藝術」而不是「照本宣科」，盡量擺脫「匠」成為「藝術家」。舉例來說，當教師使用中文譯本上課，學生因有濃厚興趣或想要知道真正文本怎麼寫的，就會自己去找原文書來看，這種學習的轉變即是教學藝術。

　　其次，如果教師的教學目標與境界是達到藝術的層次，那麼，問題是誰想要成為藝術家？或者說教師能成為藝術家嗎？根據杜威的看法，理想上，假如我們想要成為教師，每個人都可以成為藝術

家。但這個問題不在我們是否有藝術能力，而是我們是否能鼓勵、培養、磨鍊與使用這些能力。由於教師的經驗與藝術經驗是相似的，教學過程就像雕塑一塊閃爍的璞玉，這種成就是難以言語的。因此，如果我們渴望或練習成為教師，我們就會夢想並有美學上的履行、情感上的敏銳、知識上的趣味與個人方面回饋的教育經驗（Simpson et al., 2005: 19）。在杜威看來，這 4 種教學經驗，能讓教師享受理性（知識上的愉悅）與感性（情感上的滿足）兩者交織而成的教學活動，也更讓每位教師有挑戰更具美感的教學之動力。換言之，當教師散發知識迷人的風采，學生如沐春風地學習，這種具美感的教學讓師生之間就像親臨壯闊崇高的玉山一樣的舒坦、快感與驚奇。Simpson 等人形容：

> 最好的藝術是把教學當作一種具挑戰性的活動，在每一天、每一次的教學經驗中，教師去發展自己的見識、同情心、教學策略與執行力，進而內化成一種教學風格。用杜威的話來說，就是有藝術性的教學。（Simpson et al., 2005: 23-25）

最後，好的教學要能具藝術性的特質，對教師而言就應具備一些能力，例如，理解與溝通能力、培養或創造的能力、教育知識與教學熱情，以及無窮盡的想像空間等，這些是成為良好教師的先決條件。如能有這些意識與準備，教師將會透過教學活動，在不斷修正與努力中，展現出藝術性。杜威深信，真正的教師，是對她所教授的知識有一份真誠的狂熱，願意毫不保留地傳授給學生，因而會自然散發知識的魅力；相反地，教師若對本身的教材毫無興趣，那麼她的教學可能就會敷衍了事（Dewey, 1986: 262-263）。杜威以藝術家為例指出，真正的藝術家不為成見所囿，能悠遊於創作之中，又能承先啟後，讓作品具獨特性，這種既自由又符合規範的特性，才是藝術性教師的判準。

然而，教師的工作不是只限於教室裡，也有一些廣義的社會責任，凡是課程之外與教育有關的，能幫助更好學習的，都是其公眾服務事項。準此，杜威的教師形象不全然都在高牆內，他認為「社會即學校」，教師有其公共角色。因此，教師的第二個角色是：民主的守護者或民主的服務者（servant）。

（二）民主的服務者

教育是一種社會實踐的過程，杜威是從有機的觀點，即變動的、發展的、環境影響的角度來看待社會與個人的關係。根據杜威，民主實際上是有一個生命循環，教育的角色即產婆（midwife），「教師是民主的看護者」（Simpson et al., 2005: 102），也就是說，學校作為教育機構，主要在帶領新一代的個體學習民主地思考與行動。教育核心是「課責」（accountability）的養成，讓學生可以有智識上的能力、個體上的獨立及社會上的責任，並且最終能讓學生有適應社會與社會服務的才能。

杜威認為，每個人都是社會與倫理性的存有，都需要學習與他人民主地共處生活。所以，杜威用塑造（shaping）、扮演（enacting）、適應（adapting）等概念，來描繪教師的教學活動，藉以反應「民主是一種生活方式」的主張（Simpson et al., 2005: 20-23）──這意味著教育活動應該是讓學生發展出民主的態度與氣質。在《民主與教育》第七章〈教育中的民主觀〉（*The Democratic Conception in Education*）一節裡，杜威曾指出：

> 民主不只是一種政府的形式；基本上，它是組合生活的模式，也是相互溝通經驗的生活模式。……民主的特徵是這種共享關懷的領域之擴展，以及個體能力的更多樣化之解放。（Dewey, 1980: 93）

　　因此，民主有 2 項重要的價值：其一是共享的利益，其二是社群之間自由的互動，進而能達成集體生活的共識，教育的目的便是要培養能合作且守法的公民。換言之，民主除了是一種制度外，民主最重要的意義在於它是個人的生活方式與社會互動的模式，在此生活方式下，社群成員之間可利益共享與溝通共識。

　　因之，教學的藝術便是透過民主的生活方式與風俗習慣，把該社會傳統與個人在社會的功能角色傳遞給學生，這種社群經驗的學習、權利義務的養成，應該不只限於學校，反而更著重社會實踐，其目的在幫助學生適應社會，並有能力因應其變化。是故，教師的社會角色是可以透過不同場合去教導學生這些民主觀念，培養下一代的民主認知、想法、習慣、人格與態度。Simpson 等人評論說：

> 杜威建議我們可以去促進一系列可培育民主精神（ethos）的價值：有與他人合作的意願、每個人有分享文化上與物質資源的權利、正義與人文社會的價值、共同理解的優點、相互同情與仁愛的重要性等——這些都是知識、道德與民主的價值。（Simpson et al., 2005: 100, 103）

　　顯而易見，杜威強調的這些民主素質：合作、共享、正義、理解等，目標在建立多元平等與利益共享的公民社群。我們可以分為民主政治制度、共同生活方式與個人層次，透過下表清楚呈現其內涵。

　　學校是培養民主的最重要場所，而培養民主的精神與自由學習的心靈涵養，可能是在專業知能取得之外更重要的目標。畢竟，生長在民主的時代，由民主法治所引申的各種問題，並以民主的方式思考與解決衝突，才是民主教育的目標。然而，民主是很難教的，它更需要教學藝術的引介，把對人的尊重、服從多數、尊重少數、自我治理與容忍等概念融入生活當中，並表現在師生關係與互動之

中。[21]

民主的教育特質分析表		
民主政體	共同生活	個人生活
<div>特 質</div> • 明智的投票能力 • 服從倫理、法律的氣質 • 經濟上有貢獻社會的能力 • 就像家庭成員般，能完全發揮知識的功能 • 有獨立思考的能力 • 像社會的一分子一樣，有同情心地服務才能 • 民主領導的傾向	• 傾向鼓勵每個人平等發展的機會 • 支持每個人生活型態的自由 • 促進相同或不同想法的人之間的開放溝通 • 發展共善的合作活動 • 藉由討論與互動尋求不同意見的解決 • 願意為每個人的基本需要工作 • 關心每個人的興趣與願望 • 支持共同與個人興趣的成長	• 提昇民主價值的個人實踐之態度，即便當合法的背景和社會環境不支持 • 使個人選擇民主理念之能力的性格勝過個人特權與社會尊崇 • 養成個人每天活動與選擇都在促進民主生活 • 能有運用自由、教育與討論的民主方法之信仰，而不用獨裁和專斷手段達成民主目標

資料來源：整理自Simpson等人（2005: 107-109）。

　　杜威哲學的初衷乃是環繞民主社會的需要而發展的知識觀念。在一個多元社會中，民主教育已不是教條教育，教師須透過民主的過程，讓各種價值、思維、信仰或主張都可以有發表的空間，教導學生判斷、分辨與檢驗各種價值的內涵，給予獨立又自主選擇的

---

21 例如，Caspary（2000）就指出，杜威實用主義在民主參與過程中，可能最有幫助也最重要的功能之一就是解決衝突。Soltis（1993）指出民主社會中有3個教學角色，而只有自由放任主義者（liberationist）的途徑最有潛力，能讓學生學習民主社會的各種知識。

能力，而非一味地道德灌輸。一言以蔽之，教師展現民主性格與態度，學生才有可能學習到民主性格與態度。就此而言，在民主教育理念上，杜威與傑佛遜（Thomas Jefferson）都慣用實驗一字來形容美國的民主制度與生活方式。[22] 但更重要的是，杜威對民主生活的敏感度，試圖透過語言文化與公共修辭來揭示其中藝術內涵的真面貌，尤顯難能可貴。對他而言，教育離不開社會與文化脈絡，而教師角色的認知，也無法忽略其在社會上所扮演的典範精神。可見，杜威的教育哲學與民主生活是緊密連結在一起的。一方面，杜威哲學思想的時代意義顯示民主制度已成為政治生活的主要內涵；另一方面，對杜威來說，哲學的問題與教育的問題，都是人的問題，而人的問題則離不開社會環境與公共文化而單獨探討。

（三）關愛的師者

杜威在〈致那些渴望教學專業的人〉（*To Those Who Aspire to Profession of Teaching*）一文中提到教師的內在特質包括：

> 一種與年輕人接觸的自然之愛，……溝通知識的自然愛好，與對知識本身的愛好。……喚醒他人同樣在智識興趣和熱情的愛好。……教師應該擁有與眾不同的愛，……以及學習之愛。……即使從沒有學習過教學的藝術仍然會是好老師。（Dewey, 1988: 344-345）

---

22 值得注意的是，實驗與經驗係出同字源，並非科學實驗之意，而是一種動態與有機的觀念，表明能動性與現實生活脈絡。在我們看來，杜威與傑佛遜、托克維爾（Alexis de Tocqueville）等早期美國民主論者，反應了戰前美國式自由主義的精神傳統，Thayer（1985: 89）曾評價說，雖然杜威的分析與討論是抽象與艱澀的，但都是透過哲學化的關聯性在關照「人類生活的實際問題」，深深地影響了美國哲學與美國知識歷史。

　　對杜威來說，所謂的教學專業，展現的是有愛心的教師（teacher as lover），這是融合藝術性、人文性與社會性，而回到教育「愛」的本質。根據這段文字，主要可衍繹成 8 項愛：學習上的愛者、知識上的愛人、一個特殊的主體、能與學生互動、溝通或傳遞知識、引起學生智識上的好奇心，以及擁有對他者的愛（即尊重）與思考之愛（Simpson et al., 2005: 29）。

　　這種理想的教學關係，提醒教師不僅要成為專業教師，也要成為能關懷學生的教師。也就是在教學過程，教師除了作為知識的引導者，也需要關心學生的生活，熱愛與學生相處，能瞭解學生的需要，有診治其缺失的能力，對於學生的疑問、價值選擇與困境，均有所回應並給予方向。這種抽象的關愛（care or love）類似思想與精神上的導師，實與 Tubbs 所謂的「性靈教師」（the spiritual teacher）有異曲同工之處（Tubbs, 2005: 291-321）。即師生間的互動不限於知識上「經師」的交流或傳遞，還涉及一種人生經驗或生活方式的「人師」互動，這種互動溝通更需要教師的專業，例如，觀察力、同情心與溝通能力把知識加工，在與學生互動之間，感染出一種追求學問的興趣與對真實世界各種事物的好奇心。由於教師身上的感染力與豐富性，這種「擴大的愛」無形之中潛移默化地讓學生也種下同樣的愛與關懷之心。

　　若教師缺乏上述這樣的愛，很容易把教學當作一種複製而不自知，因此，為了保持這種熱情之愛（passionate love），在教學即藝術的最終意義上，杜威認為教師就必須是「有愛心／慈愛的」（be loving）的人（Simpson et al., 2005: 37），它是一種存在狀況，提醒教師注意發展與培育這種愛與包容的能力。據此，我們可指明身為一個專業的、成功的、有藝術性的教師，不僅有教學的熱忱，喜歡跟學生相處，更重要的是要有包含尊重、寬容、平等、自由等民主

價值在內的同理心。而教師要能有美感上慈愛情懷，其根本基礎在於教育本質上的「自由」。一方面，對教師來說，是教學的自由；另一方面，對於學生來說，則是學習的自由。這種自由的經驗，是杜威所謂教學過程那種特殊感受的體驗，它是外在的形式，也是內在的樣態。正如林逢祺（1998b：160）強調的，美感經驗象徵人類精神極高度的自由；而美感所以能自由，就在其能從孤立絕緣的事物中體會出一種脫俗的美，一種本質的價值。教學透過具有理性說服或導引的作用，才能激發想像力與創意的魅力或誘能。

總之，從一般性教師到藝術性教師，甚至對公共文化與社會秩序守護有所堅持的民主教師，杜威深信，不論教師自身把自己想像成什麼，這些想像不能簡化成唯一與固定的圖像，就教師的特質來說，反而應是開放性與多樣態的，目的在期待每位教師，都能擁有理想教師的綜合特徵與氣質。而關愛者的角色，是每位教師最為基本的特質，因為杜威認為教師身上所具備的教學性格、理念或態度，例如，包容心與愛心、願意傾聽、分析能力、給學生的信任感，以及教師有自我批判與修正錯誤的謙虛等教育信念，大多來自教師本身的教學熱情與對學生的熱愛。

五、結語：杜威、藝術與教師圖像

本文描繪了教學之美的教育精神，推衍出民主社會中教師角色的 3 種典型，在此分 3 方面做成結論。首先，杜威在教育美學上最重要的 2 項啟示，一是指出教師應追求的方向、信念與境界：教學的美感。二則是點出藝術在學習生活經驗的潛藏價值：社群的融合。他說：

藝術的功能是整合、突破經驗世界根本共同要素的習慣隔閡，當發展中的個體性以藝術來呈現所見所現的這些要素風格時，藝術對個人的功能是融合差異，驅除我們存有的孤立與衝突，進而利用人類相對的位置去建造一個更為豐富的個體。（Dewey, 1987: 252-253）

換言之，好的老師就像好的藝術一樣，會激動人心、舒展情致與啟蒙理智。這種教育的層次感與藝術性，讓教學變成一種表演（Jenkins, 1970），即教師並不只是一份工作而已，當教師把自己當成藝術家時，例如，變成一場電影的導演或交響樂團的指揮，其所從事的教學就是一種藝術「創作」。不管如何做才能讓觀眾（學生）感動，但這個導向卻提醒了我們：教師的教學決定了學生的學習，而教師的品質決定了教育的品質。教師若能具備教學的藝術、提昇教學能力，將使學習更有可能，而其中關鍵的那把鑰匙，是掌握在每個教師的手中。

其次，由於杜威對教學藝術之描述並不是純粹抽象的，因此，我們循著杜威後期思想所拼組出的「教師圖像」頗具真實感。誠如 Jackson（1998）所說的，杜威闡明了藝術的本質與力量，每一個教育工作者都應該要知道藝術如何形塑出教育實踐。重新揭示這個關聯性相當重要也具有理論意義，因為教師哲學雖是教育哲學的一環，但自蘇格拉底（Socrates）以降到黑格爾，教育哲學對於這個問題多從主體關係切入師生關係，而探討的不外乎主僕關係或教師的教僕角色，[23] 可是若從教學本質來看，「教學」指涉的不是只有「教」還包括「學」，教師的角色不只是「教師」其實也隱含著「學生」的身分，這代表教師想要成為藝術性教師，必須持續保持

23　可見 Tubbs（2005: 243-290, 335-362）最近在《教育哲學期刊》精彩的解釋。

熱情與想像等創作力外，更重要的是也有願意學習的心志。如此一來，師生關係具有一種互為主體性（intersubjectivity），這使得教學的概念更為廣闊，教與學也不再是二元分離，反推的結果，對教師來說，則擴展了原本狹隘的教育灌輸或陶冶（bildung）的單向用法，從而讓教師可以不斷去反思什麼是教育？什麼是教學？努力提煉其引人入勝的教學功力，以期達到博雅通觀後信手拈來處處是教學的境界。

最後，整體來看，杜威綜其一生從哲學、心理學、倫理學、教育學研究到藝術、民主、社會與科學，不論稱他是「實用主義的改革教育家」（單文經，1992：2）、「生活教育的實驗者」（林逢祺，2003：229）或「科學的人文主義哲學家」（蓋格，2005），究其根本乃是對人性（humanity）的融貫觀察與社會關懷，因而展現濃厚的人文主義（humanism）教育思想。對此，好的教師不是只學些教學技巧，當個稱職的好老師而已，要成為藝術家教師，最重要的是認識到這份志業的人性價值，感染學生對人性與社會的覺識，進而展現哲學性教師的人文主義熱情與態度。不過，這種教育的藝術如何評定呢？我們可以改寫杜威的一段話來作為結論。他說：「任何學科教學的檢驗，最後都要以學生對該學科生動的欣賞程度為依據」（Dewey, 1986: 341）。對於想要追尋教育之美的教師來說，我們也可以說，任何教學藝術的追求，最後都要以教師的美學素質與體會人性經驗的程度作為衡量準據。

參考文獻

江合建（2000），〈杜威的美育思想〉。《教育美學》。崔光宙、林逢祺編。臺北：五南。頁 117-152。

李常井（1987），《杜威的形上思想》。臺北：中研院三研所。

林逢祺（1998a），〈美感創造與教育藝術〉。《教育研究集刊》。第 40 期。頁 51-72。

林逢祺（1998b），〈美感經驗與教育〉。《教育研究集刊》。第 41 期。頁 155-170。

林逢祺（2003），〈杜威——生活教育的實驗者〉。《中西重要教育思想家》。賈馥茗、林逢祺、洪仁進、葉坤靈編。臺北：空中大學。頁 229-252。

林逢祺（2004），《教育規準論》。臺北：五南。

郭小平（1994），《杜威》。香港：中華。

康德（2004），《判斷力批判》。鄧曉芒譯。臺北：聯經。

單文經（1992），〈實用主義的改革教育家——杜威〉。《人類航路的燈塔：當代教育思想家》。劉焜輝編。臺北：正中。頁 2-23。

蓋格（2005），《杜威：科學的人文主義哲學家》。李日章譯。臺北：康德。

劉文潭（1996），〈藝術即經驗——詳介杜威的美學〉。《藝術學報》。第 58 期。頁 103-118。

劉昌元（1986），《西方美學導論》。臺北：聯經。

謝攸青（2003），〈杜威的美學思想及其在後現代藝術教育中的應用〉。《新竹師範學報》。第 17 期。頁 119-133。

Alexander, Thomas M. (1987) *John Dewey's Theory of Art, Experience, and Nature: The Horizons of Feeling*. New York: State University of New York Press.

Berube, Maurice R. (1998) "John Dewey and the Abstract Expressionists" *Educational Theory*. 48(2): 211-227.

Boisvert, Raymond D. (1988) *Dewey's Metaphysics*. New York: Fordham University Press.

Brigham, Don Logan (1984) *Dewey's Concept of Qualitative Thought as A Basis for the Teaching of Art*. Mich: University of Michigan Press.

Burnett, Joe R. (1988) "Dewey's Educational Thought and His Mature Philosophy" *Educational Theory*. 38(2): 203-211.

Caspary, William R. (2000) *Dewey on Democracy*. New York: Cornell University Press.

Costantino, Tracie E. (2004) "Training Aesthetic Perception: John Dewey on the Educational Role of Art Museums" *Educational Theory*. 54(4): 399-417.

Cunningham, Craig A. (1994) "Unique Potential: A Metaphor for John Dewey's Later Conception of the Self" *Educational Theory*. 44(2): 211-224.

Dalton, Thomas C. (2002) *Becoming John Dewey: Dilemmas of A Philosopher and Naturalist*. Indiana: Indiana University Press.

Dancy, Jonathan (1985) *An Introduction to Contemporary Epistemology*. Oxford: Blackwell.

Dewey, John (1972) *John Dewey: The Early Works, 1882-1898(5)- My Pedagogic Creed*. Carbondale and Edwardsville: Southern Illinois University Press.

Dewey, John (1980) *John Dewey: The Middle Works, 1899-1924(9)- Democracy and Education*. Carbondale and Edwardsville: Southern Illinois University Press.

Dewey, John (1981) *John Dewey: The Later Works, 1925-1953(1)- Experience and Nature*. Carbondale and Edwardsville: Southern Illinois University Press.

Dewey, John (1982) *John Dewey: The Middle Works, 1899-1924(15)- The Classroom Teacher*. Carbondale and Edwardsville: Southern Illinois University Press.

Dewey, John (1985) *John Dewey: The Later Works, 1925-1953(4)- The Quest for Certainty: A Study of the Relation of Knowledge and Action*. Carbondale and Edwardsville: Southern Illinois University Press.

Dewey, John (1986) *John Dewey: The Later Works, 1925-1953(8)- How We Think.* Carbondale and Edwardsville: Southern Illinois University Press.

Dewey, John (1987) *John Dewey: The Later Works, 1925-1953(10)- Art as Experience.* Carbondale and Edwardsville: Southern Illinois University Press.

Dewey, John (1988) *John Dewey: The Later Works, 1925-1953(13)- Experience and Education.* Carbondale and Edwardsville: Southern Illinois University Press.

Fishman, Stephen M. and Lucille McCarthy (1998) *John Dewey and the Challenge of Classroom Practice.* New York: Teachers College Press.

Garrison, Jim (1997) *Dewey and Eros: Wisdom and Desire in the Art of Teaching.* New York: Teachers College Press.

Jackson, Philip W. (1998) *John Dewey and the Lessons of Art.* New Haven: Yale University Press.

Jackson, Philip W. (2002) "Dewey's 1906 Definition of Art" *Teachers College Record.* 104(2): 167-177.

Jarrett, James L. (1977) "Art as Cognitive Experience" *Dewey and His Critics: Essays from the Journal of Philosophy.* Sidney Morgenbesser (ed). New York: The Journal of Philosophy. pp. 430-437.

Jenkins, Iredell (1970) "Performance" *Aesthetic Concepts and Education.* Ralph A. Smith (ed). Illinois: University of Illinois Press. pp. 204-226.

Rorty, Richard (1979) *Philosophy and the Mirror of Nature.* Princeton: Princeton University Press.

Russell, Dee (1998) "Cultivating the Imagination in Music Education: John Dewey's Theory of Imagination and Its Relation to the Chicago Laboratory School" *Educational Theory.* 48(2): 193-210.

Shearer, E. A. (1977) "Dewey's Esthetic Theory" *Dewey and His Critics: Essays from the Journal of Philosophy.* Sidney Morgenbesser (ed). New York: The Journal of Philosophy. pp. 404-429.

Simpson, Douglas J., Michael J. B. Jackson, and Judy C. Aycock (2005) *John Dewey and the Art of Teaching: Toward Reflective and Imaginative Practice.* London: Sage Publications.

Soltis, Jonas F. (1993) "Democracy and Teaching" *Journal of Philosophy of Education.* 27(2): 149-158.

Tanner, Laurel N. (1997) *Dewey's Laboratory School: Lessons for Today.* New York: Teachers College Press.

Thayer, H. S. (1985) "John Dewey" *American Philosophy.* Marcus G. Singer (ed). Cambridge: Cambridge University Press. pp. 69-89.

Tubbs, Nigel (2005) "Philosophy in Education and Education in Philosophy" *Journal of Philosophy of Education.* 39(2): 183-420.

Tubbs, Nigel (2006) *Philosophy of the Teacher.* Boston: Blackwell Publications.

Welchman, Jennifer (1995) *Dewey's Ethical Thought.* Ithaca: Cornell University Press.

Wirth, Arthur G. (1989) *John Dewey as Educator: His Design for Work in Education (1894-1904).* Lanham: University Press of America.

附錄一

從學生到教學助理：
通識課裡的職場競爭力

陳雅蓁

國立臺北商業大學國際商務系校友

作者現為公勝保險經紀人彰化業務中心專員。本文原刊登在第 71 期的《通識在線》（陳雅蓁，2017：79-80），寫作時為大四應屆畢業生。作者曾任 3 個學期的教學助理，並參與教育部通識課程革新計畫，表現優異曾獲臺北商業大學「傑出教學助理」。

　　那年大三，因緣際會下修了陳閔翔老師的通識課「網路民主與公共論壇」，在那個學期中，老師每次上課的內容都讓我打開對課程教學的眼界，原來課程也可以使用多元化的方式讓我們學習，不僅利用 PPT 教學也透過不同面向的影片，用實際例子讓我們更清楚接收老師所要傳達的信息，讓我明白原來上課也可以這麼有趣。

　　修課的過程中，我印象最深刻的就是期末報告的呈現方式。印象中一般的期末報告都是死板的考試以及制式的口頭報告，但老師卻鼓勵我們透過不一樣的表達方式，利用行動去實踐我們所要傳達的理念，建議我們透過改編歌詞、街頭舉牌、演戲等多樣影音模式，讓我們更實際貼近所要探討的社會議題，也因為有這樣的機會讓我能夠更深刻明白，什麼是身為一個公民應該盡的責任與義務，並且讓我們化身成種子，將我們所吸收到的心得，藉由我們的創意分享給更多的人知道，讓我覺得修了老師的課非常值得，因為在課程中學習到的不只有知識，更重要的是要利用不同的思維來進行批判性思考與行動。

　　由於老師的課程是受到教育部技職司的通識課程革新計畫補助，看著老師和學姐們為了使這門課可以更加順利與完整，在課堂之餘做了很多努力。讓我覺得生活在這樣嚴格的高標準下對於自己是一種訓練，因此為了想讓自己可以在各方面更加精進，所以當老師再次徵選教學助理時，雅蓁便毛遂自薦地投履歷希望老師能錄用我。

　　終於在大四這年加入了老師的團隊，也受到老師各種的高標準對待，讓我明白很多處理事情的小細節是該如何注意與完成，讓我充分明白差不多與完美的差別，雅蓁喜歡完美的感覺，透過與老師共事更明白什麼是「精準」，因此雖然什麼都要求完美會過得很辛苦，但只要抓到訣竅與細心，想要達到老師的標準並不是難事，而

且也同時增加自己的細心度，讓我覺得很感謝老師給了雅蓁這個禮物，讓即將面臨職場的我可以多一項競爭力。

在整個課程計畫執行中我們遇到了很多困難，從一開始如何與老師溝通協調，達到一致的資訊平等；課程中也需要與老師討論如何做出老師滿意的作品，文字如何呈現、排版如何突顯重點、報帳如何報才能一去不回頭等。在這些過程中雖然無法很順利過關，但也因為這些不順利讓雅蓁可以學到很多溝通的技巧，讓我們可以不用花很多時間去明白對方的意思，使雅蓁在即將離開大學前還能學習到新東西，真的很感謝老師給雅蓁這個機會，讓我能陪老師完美的走完這個計畫，雅蓁真的是滿載離開北商，謝謝老師的指導與陪伴！

附錄二

在自由中陶塑公民素養，
原來這才是通識課

陳曉瑄
國立臺北商業大學應用外語系校友

作者現為朝程工業國外業務專員。本文原刊登在第 71 期的《通識在線》（陳曉瑄，2017：77-78），寫作時為大四應屆畢業生。作者大學時代膺任英語志工社副社長，並曾獲通識教育中心主辦之通識課程學習檔案徵件「佳作」。

　　2017 年是待在北商的最後 1 年，大一、大二時曾修過幾門通識課，但都與起初的期待南轅北轍，不是乏味令人想打瞌睡，就是因必修必須得到學分。趁大四課較少之餘，能夠選些非系上的專業課程，選修較多樣化的通識課，增廣見聞以外，也能投資自己腦袋，並非一定要增強所謂的競爭力，但能吸收到與社會議題相關的課程，讓自己成為有知的人，也能持續關心社會。

　　我在時事與日常的題材較有興趣，實際生活能用上的我都喜歡，剛好大三時有一堂課是「民主社會與當代公民」，讓我認識了陳閎翔老師，發現他是一位非常有民主自由精神且非常認真的老師，機緣巧合之下，上學期恰好有空堂，於是就選修了閎翔老師的「網路民主與公共論壇」。

　　起初，是因為老師而選這門課，但漸漸發現，是內容也非常豐富的課程。說實話，一開始我對課程名稱也一頭霧水，但在第一週的完整精華版課程介紹後清楚多了，本課程希望能培養同學民主素養、媒體素養、溝通表達、問題解決與國際移動等的能力，但東西通常都是吃到越後面越能嘗到箇中滋味不是嗎？

　　隨著每週課程主題的不同，也會有不同的方式進行，修這門課很幸福的一件事是，本課程是在老師執行教育部計畫下的課程，因此同學們擁有的資源更加豐富，有 3 位教學助理隨時協助課程與解惑，讓通識課有嶄新的一面，尤其約每 2 到 3 週，老師會讓各組的同學一起討論當週主題，大家可以提出個人不同的見解，該橋段稱之為「世界咖啡館」，一桌的同學討論完後，轉到下一桌，還有一件很有趣的事是，班上集結了北商共 7 個系的學生，有機會和不同系所同學討論聽到不同的想法，毋須透過「踴躍舉手發言」就能達成！

　　老師還特地邀請了幾位不同領域的專業人士進行專題演講，包括臺師大大傳所的陳炳宏老師與臺文系的莊佳穎老師，分別談媒體素養與可愛文化。有一次的題目是「新聞都不新聞了？記者的理想與現實」，邀請了一位中天的資深記者，在他的分享中瞭解臺灣新聞的生態以及報導新聞的方式，只報導事實不帶有一點色彩與立場是不容易的，公民必須具有判斷是非與質疑的能力，印象很深刻也收穫良多。

　　一轉眼也到了期末，老師與教學助理精心安排了一場期末發表會，各小組有不同主題，有別於一般枯躁乏味的簡報，老師鼓勵大家用唱的、演的，甚至動畫表現，方式應有盡有，最後還準備了獎項頒給小組與個人，非常用心，收穫良多。我原本是一位漸漸不看新聞的人，但上完這門通識之後，反而更想瞭解現在生活的土地、這顆地球正在發生的事，而我認為這是身為一位地球公民的責任，對生活周遭的事物關心不冷漠。最後，我才發現，原來，這才是通識課！

If you want to make this world a better place, start from yourself since we are all part of this world.